KB163997

청소년들의 진로와 직업 탐색을 위한
잡프러포즈 시리즈 48

고소한 빵과 달콤한 디저트로

행복을 나눠주는
제과제빵사

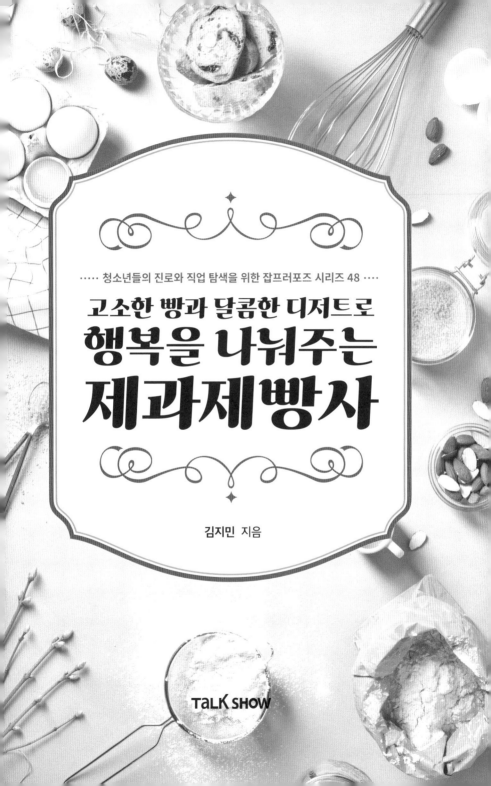

청소년들의 진로와 직업 탐색을 위한 잡프러포즈 시리즈 48

고소한 빵과 달콤한 디저트로
행복을 나눠주는
제과제빵사

김지민 지음

TaLK SHOW

입에 음식이 있는 한 당분간은
모든 문제를 해결한 것이다.

- 프란츠 카프카, Franz Kafka -

새로운 요리의 발견은 새로운 별의 발견보다도
인류의 행복에 한층 더 공헌한다.

– 앙텔름 브리야사바랭, Anthelme Brillat-Savarin –

C·O·N·T·E·N·T·S

C·O·N·T·E·N·T·S

제과제빵사
김지민의
프러포즈

PROPOSE

안녕하세요?

미래의 파티시에Pâtissier, 블랑제Boulanger 여러분!

저는 고소한 버터 향을 풍기는 빵과 아름답고 달콤한 디저트와 사랑에 빠져 제과제빵사가 되었어요. 아마도 이 책을 읽는 분들이라면 저처럼 맛있는 빵과 케이크, 쿠키를 사랑할 거라 생각해요. 사실 저는 대학에서 제과제빵을 전공하진 않았어요. 학창 시절 가장 잘했던 생물 과목을 전공으로 택했죠. 저는 모든 물체를 대할 때 분석하기를 좋아했는데 그런 저의 성향과도 생물학이 잘 맞을 것 같았거든요. 연구실에서 현미경을 통해 작은 세계를 들여다보면서 관찰하고 실험하는 것도 재밌었지만 계속 이 일을 하고 싶단 생각은 들지 않았어요. 연구원을 꿈꾸지 않았기에 대학을 다니는 동안 제과제빵 자격증을 시작으로 조리 관련 자격증을 하나씩 취득해 나갔죠.

전 어려서부터 디저트와 관련해서는 입맛이 까다로운 편이었어요. 길거리 음식도 즐겨 먹고, 분식을 굉장히 좋아해서 지금도 떡볶이가 소울푸드일 정도로 음식에 관해서는 거리낌이 없는데, 디저트만큼은 꽤 까다롭게 골라 먹었죠. 그런 제가 먹고 싶은 빵과 디저트가 있다고 하면 어머니는 전국 방방곡곡에서 사다 주셨어요. 그렇게 만난 디저트를 대할 때면 누구보다 큰 관심과 흥미를 가지고 어떤 재료가 어떻게 들어갔을까, 어떤 식으로 만들어졌을까 생각했죠. 어떤 매장에 가던 자동적으로 디저트나 빵 쪽으로 눈길이 갔고요. 어린 시절부터 디저트의 아름다움과 달콤한 맛에 매료되었던 제가 스물한 살에 유럽에 가게 되었는데요. 여러 나라의 빵과 디저트를 접하면서 각국의 전통과 맛을 느낄 수 있게 되니 정말 즐겁더라고요. 언젠가 파리에서 갓 만든 바게트를 사서 지하철을 탄 적이 있었어요. 코 끝으로 올라오는 빵 냄새가 너무 좋아서 그만 한입 베어 물었고 도저히 멈출 수가 없어서 그 자리에서 반을 먹고 말았죠. 갓 구운 빵은 떠올리기만 해도 기분이 좋아지는데 실제로 내 손에 그 빵이 있고 고소한 냄새까지 난다면 그냥 보고만 있기는 너무 힘들지 않나요?^^ 전 아직도 빵을 구울 때마다 늘 설레요. 완성된 후의 맛을 상상하면 그럴 수밖에 없잖아요.

이렇게 좋아하는 분야를 직업으로 삼게 되어 행복했지만, 이 일을 하는 10년 동안 우여곡절도 많았어요. 한번은 유명 가수의 팬클럽에서 기념 케이크를 주문했는데요. 뜨거운 여름날에 버터크림 케이크를 제작해달라고 하더라고요. 버터크림으로 빨간 계통의 장미를 백 송이 넘게 만들어서 데커레이션을 하고, 녹지 않도록 포장도 정성스럽게 해서 보냈죠. 그런데 배송 중에 살짝 문제가 생겼는지 장미 몇 송이가 뭉개져서 그 부분을 뒤로 돌려 사진을 찍었다는 거예요. 너무 속상해서 그 이후로는 직접 배송을 하기 시작했죠. 케이크 같은 경우 안전벨트를 하고 과속방지턱 하나도 살며시 넘어가면서 주의를 기울여 이동했어요. 맛있게 잘 만드는 것도 중요하지만 이걸 완전한 형태로 고객 앞까지 가져다주고 싶다는 마음도 커서 마지막 순간까지 최선을 다하게 되었죠.

제과제빵사로 10년간 현장에 있을 때 빵 만들기에만 매진한 것은 아니었어요. 일하는 중에 대학에서 석사와 박사 과정을 거쳤고 대학에서 강의를 하기도 했죠. 그러는 동안 아이들을 가르치고 내 가르침 덕분에 성장하는 친구들을 보는 일도 정말 매력적이란 생각이 들었어요. 굉장히 뿌듯하기도 했고요. 저는 제가 아주 기술이 뛰어난 제과제빵사는 아니라고 생각했기에 늘 어떻게 하면 완벽한 제품을 만들 수 있을까, 어떻게 하면 실수를 줄일 수 있을까 고민했어요. 사람들 앞에 제가 만든 제품을 당당하게 내놓을 수 있도록 항상 메모하는 습관을 들였고, 완성 후엔 철저한 분석을 통해 실수를 줄여나갔죠. 뛰어난 기술자는 아니지만 노력하는 기술자인 제 모습이 학생들에게도 분명 큰 메시지가 될 거라 생각해 교수를 목표로 하진 않았지만 점점 그 길을 향해 가게 되었죠. 제과제빵사의 삶도 행복했지만, 학생들에게 제과제빵을 가르치는 교수의 삶 또한 즐겁고 보람 있어요.

교육 현장에 있으면서 제과제빵사를 꿈꾸는 어린 친구들에게 멘토링 수업을 진행한 적이 많은데요. 그럴 때마다 제과제빵사가 되기 위해 가장 중요한 것은 무엇인지, 가장 필요한 것은 무엇인지 알려주는 좋은 책이 있었으면 했어요. 그러던 차에 잡프러포즈 시리즈의 출간 제안을 받게 되었고, 이건 꼭 해야겠다는 마음이 들었죠. 20년 전의 저처럼 제과제빵사란 꿈에 다가가기 위해 구체적으로 어떤 걸 먼저 시작해야 할지 잘 모르는 친구들에게 이 책이 도움이 되었으면 해요. 미래의 파티시에와 블랑제 여러분, 이 책을 통해 저 보다 더 멋진 제과제빵사로 성장하길 기대할게요.

2021년 11월 김지민 드림

첫인사

편 – 토크쇼 편집자

김 – 제과제빵사 김지민

🖉 먼저 자기소개를 부탁드려요.

🖉 저는 경남도립남해대학 호텔조리제빵학부에서 제과제빵 전공 전임교수로 근무하고 있는 김지민이라고 해요. 예전에는 〈앙젤리 크카카오〉라는 베이커리 카페의 공동경영자 겸 총괄경영실장으로 일하면서 빵이나 구움과자, 프티가토, 무스, 케이크 등의 베이커리 제품과 초콜릿을 생산하고 교육했죠. 말레이시아 빈투바 초콜릿과 베이커리 제품에 대한 기술 이전 작업을 했었고, 김천농업기술센터에서 지역 특산물인 자두를 활용하여 자두 초콜릿 제품에 대한 기술 이전을 하기도 했어요. 지금 있는 대학에 전임으로 오기 전까지는 베이커리 카페를 운영하면서 경희대학교 호텔관광대학 조리외식산업학과에서 겸임교수로 있었고, 그 외에도 혜전대학교, 수원여자대학교, 신성대학교, 청강문화산업대학교 등에서 외래교수로 활동했고요. 전에는 매장과 학교를 오가며 바쁘게 지냈는데 지금은 학교에서 학생들을 가르치는 일에만 전념하며 조금 더 여유로운 생활을 하고 있죠.

🖉 이 일을 한지는 얼마나 되었나요?

🖉 제가 이 일을 시작한 게 2011년 10월이고 지금이 2021년 9월이니까 10년째 이 일을 하고 있네요.

편 이 일을 하게 된 계기가 있나요?

김 어릴 때부터 빵과 과자를 정말 좋아해서 아침 식사는 늘 빵이었고, 어머니는 제가 먹고 싶다고 한 제품을 서울까지 가서 사다 주실 정도로 신경을 써 주셨어요. 그러다 대학 2학년 여름방학 때 과외와 아르바이트를 해서 모은 돈으로 유럽 배낭여행을 갔는데 벨기에와 프랑스에서 다양한 빵과 디저트를 접하게 되었어요. 갓 구운 고소한 빵과 처음 보는 색색의 디저트를 먹으면서 여행하는 것이 그렇게 행복할 수가 없더라고요. 다시 한국으로 돌아와 대학을 졸업하고 의학전문대학원에 입학하기 위해 공부를 했는데요. 힘든 수험 시절 내내 스트레스를 해결해 주는 위안 같은 음식이 바로 디저트였어요. 가끔은 배낭여행 때 먹었던 빵들을 생각했는데 그럼 다시 기분이 몽글몽글해지기도 했죠. 입시를 준비하다 보니 앞으로의 제 미래에 대해 생각하는 일이 많았는데, 생각을 거듭할수록 한 번뿐인 인생인데 내가 정말 좋아하는 일을 하고 싶다는 마음이 강해졌어요. 빵과 디저트와 함께할 때 가장 행복한 나를 떠올리며 결국 시험 준비를 과감하게 접고 새로운 길을 선택하게 되었죠.

편 제과제빵사라는 직업 선택에 만족하나요?

김 전 아직도 제가 만든 제품을 보며 침을 꼴딱꼴딱 삼키곤 해요. 그만큼 빵과 과자, 케이크를 정말 사랑하죠. 내가 먹고 싶은 것들, 좋아하는 것들을 만들면서 만족할 수 있으니 이처럼 행복한 일이 또 있을까 싶어요. 비록 가끔은 체력적으로 힘들 때도 있고, 정신적으로 피곤할 때도 있지만 늘 좋은 일만 있는 직업은 없잖아요. 완성된 제품을 먹음직스럽고 아름답게 플레이팅 해놓으면 힘들다는 생각도 금방 달아나고요. 게다가 이 일을 하다 보니 제 몸에서는 항상 달달하고 고소한 향내가 나는데 천연 향수를 늘 두르고 있는 기분이죠.

편 이 직업을 프러포즈하는 이유는 무엇인가요?

김 세상에는 정말 많은 직업이 있지만 생각하는 순간 기분이 좋아지고 행복감을 느끼게 만드는 일은 그리 많지 않죠. 저는 그 소수의 직업 중에 제과제빵사가 있다고 생각해요. 일을 하면서 사랑하는 연인에게 프러포즈를 할 때 사용할 케이크를 만들기도 했고, 연예인을 좋아하는 팬클럽 회원들에게 디저트를 만들어주기도 했어요. 그런 특별한 순간을 위해 혹은 일상의 어느 한순간을 이벤트로 만들어주기 위해 제가 만든 제품이 쓰인다는 건 정말 기분 좋은 일이죠. 맛있는 음식을 먹으면 대부분의 사람은 마음이 풀어지잖아요. 특히나 달콤한 음식은 기분을 더 끌어올려 주고요. 사람들에게 그런 즐거움을 선사할 수 있는 이 직업, 멋지지 않나요? 그런데 많이들 착각하는 게 하나 있어요. 하얀 에이프런을 두르고 멋있게 치장한 제과제빵사가 나오는 TV를 본 분들은 저희가 늘 저런 모습이라고 생각하죠. 힘도 들지 않을 것 같고 아기자기한 일을 한다고 생각하는데 사실 직접 이 일을 해보면 늘 그렇지만은 않아요. 때론 센 강도의 노동을 필요로 하기도 하고 새로운 제품을 개발하면서 스트레스를 받기도 하죠. 그렇지만 이 직업을 가진 친구들이나 제자

들이 늘 행복해하는 이유는 즐겁게 일할 수 있고 내가 만든 제품을 먹고 만족해하는 고객이 있어서라고 해요. 특히 다시 방문하는 고객이 있으면 내가 만든 게 맛있었다는 칭찬으로 생각돼 정말 뿌듯하다고 하죠. 저 또한 그런 마음으로 일하고 있고요. 빵과 디저트를 생각하는 것만으로도 즐거워지는 분, 자신이 만든 과자를 다른 사

람이 맛있게 먹는 걸 흐뭇하게 바라볼 수 있는 분이라면 이 일을 하며 더없이 행복할 거라 생각해요.

제과제빵사의
세계

하루 일과가 궁금해요.

[편] 하루 일과가 궁금해요.

[김] 매장에서 일할 때의 일과를 말씀드리면 일단 오전에 가장 먼저 출근해서 직원들이 오면 어떻게 일하고 있는지 한번 쭉 살펴본 후 오늘 할 일에 대한 구상과 구체적인 내용을 다이어리에 적어나 갔어요. 그날 일의 우선순위를 정하고 각 업무의 역할 담당을 나누어 직원들에게 할당했죠. 손님들의 주문 목록표도 확인해서 순서에 맞게 정리해 놓고요. 손님이 원하는 제품을 만들어야 할 때는 작업 공정 시간인 포뮬러를 짜서 직원에게 알려주었고, 제가 꼭 제작해야 하는 제품이 있으면 그걸 만들었어요. 손이 많이 가는 섬세한 제품이나 고급스럽게 만들어야 하는 제품, 조금 더 특별하게 제작해야 하는 초콜릿이나 몇 단짜리 파티 케이크 같은 것들은 직접 만들었죠.

　나머지 것들은 매니저나 직원, 아르바이트생들이 함께 만들고 포장했어요. 다들 일을 굉장히 잘했지만 모든 제품의 마무리는 꼭 제가 하며 꼼꼼하게 챙기곤 했죠. 신제품을 개발할 때는 당연히 처음부터 주도해서 작업을 진행했고요. 늘 가장 먼저 출근해서 오늘

할 일을 정리해 직원들에게 알려주고 제품을 만들거나 신제품을 연구하다 가장 늦게 퇴근하는 날이 이어졌어요. 퇴근할 때는 위탁 받은 학생이나 아르바이트생들을 집에 데려다주면서 오늘 매장에서 어떤 일이 있었는지 혹시 트러블은 없었는지 물으며 세심하게 챙겨주었죠.

편 지금은 학생들을 가르치는데 전념하고 있으신데요. 교수로서의 하루 일과는 어떤가요?

김 지금은 교수이자 공무원이기 때문에 오전 9시까지 출근이지만 수업이 있는 날은 보통 8시에서 8시 반 사이에는 출근해요. 오후 수업에서는 학생들이 처지는 경우가 많기 때문에 저는 9시 수업을 선호해서 주로 오전부터 수업이 시작돼요. 매장에서 일할 때와 마찬가지로 출근하면 바로 오늘의 우선순위를 정리하고, 수업에 들어가기 전까지 커피를 한잔 마시면서 결재해야 할 서류들을 처리하죠. 9시가 되면 복장을 갖추고 수업에 들어가요. 전날 조교 학생들에게 다음 날 수업의 포뮬러를 만들고, 학생들에게 주의사항을 전달하고, 재료의 계량까지 해놓으라고 얘기했기 때문에 수업에 들어가면 바로 강의를 시작할 수 있죠.

12시가 되면 점심을 먹고, 오후에는 문서 작업을 해요. 공무

원이라 처리할 문서가 꽤 되거든요. 대회에 나가는 학생들이 있으면 상담도 해주고, 지역사회에 환원도 해야 하는 입장이라 제과제빵과 관련해서 문의가 들어오면 컨설팅도 하고 있죠. 학교 ECT 팀장 등 다양한 직책을 맡고 있어서 회의에 들어가는 일도 많고요. 퇴근 시간은 6시인데 이 일을 다 하다 보면 정시에 퇴근하는 일은 거의 없어요. 방학 때는 좀 일찍 가지만 평소에는 보통 9~10시 정도까지 일하죠. 그렇게 일하다 집에 가면 체력이 다 방전되기 때문에 해야 할 모든 일은 웬만하면 학교에서 다 끝내고 가려고 해요.

편 도립대에 있는 교수들은 모두 공무원인가요?

김 그렇진 않아요. 저희 학교 같은 경우 전임 교수는 공무원이고 초빙 교수들은 계약직이죠. 저는 전임으로 간 거라 공무원 신분인 거고요.

제과제빵사가 일할 수 있는 곳은 어디인가요?

편 제과제빵사가 일할 수 있는 곳은 어디인가요?

김 제과제빵사가 일할 수 있는 곳은 정말 많아요. 요즘에는 특히 베이커리 카페가 많잖아요. 홍대 같은 경우만 하더라도 꽤 여러 곳에 베이커리 카페가 있고 디저트 숍도 많죠. 디저트 공장이나 케이크만 만드는 공장, 빵만 만드는 공장도 있고요. 좀 더 큰 규모의 직장을 원한다면 뚜레쥬르나, 삼립, 던킨도너츠, 배스킨라빈스 등 큰 기업체나 호텔에서 일할 수도 있어요. 제 선배들도 외식 기업부터 호텔까지 다양한 분야에 진출해 있죠. 저희 학교 학생들 역시 졸업 후에 개인 베이커리나 빵 공장, 디저트 공장, 기업의 제품개발팀 등 매우 다양한 분야에서 일하고 있고요. 일할 수 있는 곳은 정말 무궁무진하다고 할 수 있죠.

편 갈 수 있는 곳이 정말 많네요. 그중에서도 요즘 학생들이 좀 더 선호하는 곳이 있다면요?

김 요즘 MZ세대들은 워라벨을 굉장히 중요하게 생각해요. 일할 때는 일하고 놀 때는 또 제대로 놀아야 한다고 생각하죠. 저 또한

초반의 MZ세대로서 그게 맞는다고 생각은 하지만 일을 굉장히 좋아하는 사람이라서 평일엔 일하다 늦게 퇴근하는 일이 많네요.^^ 옛날 분들은 제과제빵을 전공하면 호텔에 입사하는 게 가장 좋은 취업이라고 생각했어요. 그런데 호텔은 마치 군대 같거든요. 위계질서가 심하죠. 앞서 얘기했듯 요즘 학생들은 워라벨을 중시하기 때문에 호텔에 들어가도 못 버티는 친구들이 생각보다 많더라고요. 그래서 호텔보다는 명장이 있는 큰 베이커리에서 경험과 스펙을 쌓은 후 자신이 원하는 곳으로 재취업하거나 청년 창업하는 걸 선호하죠. 큰 매장에서 일하다 4년제 대학에 진학해 공부를 더 하고 저처럼 대학원에 갔다 대기업의 제품개발팀으로 가고 싶다는 친구들도 있고요.

시간이 날 때는 어떤 일을 하나요?

편 시간이 날 때는 어떤 일을 하나요?

김 요즘에는 웬만하면 주말엔 쉬려고 노력해요. 제가 가장 좋아하는 게 거실에 누워서 바깥 풍경을 보며 책 읽는 거라 시간이 나면 집에서 독서를 하며 보내죠. 한 분야만 읽지는 않고 잡독하는 편이에요. 요리와 베이커리 책은 물론 미학과 경영학 등 다양한 분야를 넘나들며 읽고 있죠. 책을 좋아해서 외국에 가면 서점에 꼭 들러요. 그 나라만의 분위기를 느끼고 베이커리 관련 서적들을 사서 보는 게 정말 즐겁거든요. 드라이브하면서 경치를 보는 것도 즐겨 하는 일 중 하나예요. 가끔은 아무것도 하지 않고 멍 때리기를 하는데 그럼 머리가 한결 가벼워지는 느낌이 들죠.

편 평일에 너무 바쁘게 살다 보니 주말엔 조용하게 있는 걸 좋아하나 봐요.

김 지금 재직 중인 학교로 오면서 남해의 바닷가 근처에 살기 시작했는데요. 주변을 보면 동남아 같은 느낌이 들다가도 때론 지중해 같은 분위기가 나기도 해요. 조금만 나가도 이국적인 느낌이 드

니 가끔은 집 대신 경치 좋은 카페에 가서 커피 한잔 마시면서 책을 읽죠. 그럼 확실히 기분이 전환돼요. 요즘엔 그렇게 주변 풍경을 감상하거나 독서를 하며 여유를 즐기고 있어요.

편 요즘 주요한 관심사는 무엇인가요?

김 제가 지금 경남 지역에 있지만 서울에 새로운 베이커리 숍이 오픈하면 매번 찾아가고 있어요. 호기심이기도 하지만 새로운 제품과 트렌드를 파악해야 하는 게 제 직업의 소양이라고 생각하거든요. 요즘엔 트렌드 분석도 하고 학생들의 새 취업처도 발굴할 겸 하나의 지역을 정해서 그곳만의 특색 있는 베이커리들을 탐방하고 있죠. 혼자만의 시간을 즐기는 한편 사람을 사귀는 것도 좋아해서 종종 대표들과 만나 그분들의 얘기를 듣기도 해요. 사람마다 사고 방식이 다르니 한 명 한 명의 의견을 듣는 게 매번 흥미롭더라고요. 베이커리와 인프라 구축, 그게 제 주요 관심사예요.

매력은 무엇인가요?

편 매력은 무엇인가요?

김 사실 처음 이 직업을 선택했을 때 저희 스승님들의 생활이 무척 화려해 보여 제 마음을 움직인 것도 있었어요. 이 직업이 우리나라에서 시작된 것이 아니라서 외국에 자주 나가야 하는 것도 여행을 좋아하는 제게 장점으로 다가왔죠. 실제로 이 일을 하면서 마일리지가 꽤 많이 쌓일 정도로 외국에 자주 나갔는데요. 각 나라마다 베이커리 트렌드가 다르기 때문에 외국에 나가 보고 배운 것들이 정말 많았어요. 그 나라에서 유명하거나 특색을 가진 셰프들과 만나 친분을 쌓고, 프랑스 MOFMeilleur Ouvrier de France, 프랑스 최고 장인 셰프에게 새로운 걸 배우기도 했고요. 해외를 돌며 새로운 영감을 얻고 여러 사람과 만나 교류할 수 있다는 점은 굉장한 매력이에요.

가끔은 제가 셰프가 돼서 직접 개발한 제품의 시현을 나갈 때가 있는데요. 사람들이 많이 모인 곳에서 제 제품이 주목을 받으면 즐겁기도 하지만 그렇게 짜릿할 수가 없어요. 레시피와 관련된 질문에 대답하는 일도 재밌고요. 아무래도 무대 욕심이 있나 봐요. 이 일은 늘 새로운 것을 찾고 트렌드에 민감해야 하기에 그런 호기심

이 있는 사람이라면 계속 배우며 나를 채워나갈 수 있다는 사실 역시 큰 매력으로 다가올 거라 생각해요.

편 제과제빵사로서의 자질이 일상생활에 유용하게 쓰였던 적이 있었나요?

김 그럼요. 일을 하면서 다양한 분야의 사람들을 만났는데 제 직업을 얘기하면 대부분 호감을 느끼죠. 빵과 디저트를 좋아하는 분들도 많아서 제과제빵사라고 하면 일단 사람들이 관심을 가지고 대화를 쉽게 이어나가기 때문에 짧은 시간 안에 분위기를 부드럽게 만들 수 있고요. 이성 간에도 이 직업은 매력을 느끼게 만드는 요소라고 생각해요. 이성뿐만 아니라 실제로 경험해 보니 특히 어른들에게 플러스 요인이 되더라고요. 새로운 사람을 만날 때 제가 직접 만든 과자를 선물하면 상대방도 부담을 덜 느끼고 정성이 가득한 선물을 받았다고 생각해서 인프라를 구축하고 친분을 쌓는 데에도 도움이 되죠.

단점에 대해 알려주세요.

편 단점에 대해 알려주세요.

김 이 직업은 육체적으로 힘든 것 외에는 특별한 단점이 없어요. 다만 몇 가지 애로사항이 있죠. 먼저 사람들은 금 나와라 뚝딱하면 금이 나오는 것처럼 빵도 뚝딱뚝딱 만든다고 생각해요. 신제품 개발을 너무나도 쉽게 생각해서 새로 하나 만들어달라는 얘기를 아무렇지 않게 하죠. 예를 들어 남해의 특산물이 유자라면 이걸 활용해 유자빵 하나만 만들어달라고 하는 거예요. 실제로 본인 집 앞마당에 매실이 굉장히 많이 열렸는데 이걸로 매실빵을 만들어서 그 레시피를 가르쳐 달라고 하는 분도 있었죠. 새로운 제품을 만들기 위해서는 수많은 시행착오를 거쳐야 해요. 제작 중에 예상치 못한 여러 가지 요인이 발생하기도 하는데, 그런 것들도 하나하나 해결해야 하죠. 많은 시간과 노력이 들어가는 일인데 쉽게 생각하는 점이 아쉬워요.

그리고 또 하나, 기부나 찬조를 너무 가볍게 생각하세요. 특히 맘카페에서 활동하는 분들이 쉽게 찬조 요구를 했었는데, 매장을 운영하면서는 그런 요청이 가장 부담스럽게 느껴졌었죠. 저희 어머니는 워낙 베풂과 나눔이 생활화된 분이라 이웃을 돕기 위한 자선이나 봉사를 많이 하셨는데요. 크리스마스 때나 연말이면 저도 함께 기쁜 마음으로 밤을 새우면서 이웃들에게 나눠줄 빵과 과자를 만들곤 했어요. 아무래도 베이커리에서 팔다 남은 빵들을 기부하는 일이 종종 있다 보니 그런 생각을 하는 것 같은데, 마음에서 우러나 나눔을 실천하는 것은 좋지만 무리한 요구는 부담스러웠죠.

편 신제품 개발에는 어느 정도의 시간이 걸리나요?

김 사례마다 다 달라요. 제가 가지고 있던 레시피를 조금만 변형해서 만드는데 별다른 시행착오 없이 진행이 될 경우 빠르면 하루 만에 만들어지기도 하지만 대부분은 꽤 오랜 시간이 소요되죠. 저는 늘 학생들에게 요리와 달리 제과제빵은 과학적인 분야라고 주장하고 있어요. 요리의 경우 같은 재료에 처음부터 소금을 넣어서 맛을 낼 수도 있지만 나중에 넣어도 그 맛을 낼 수 있다고 생각하거든요. 하지만 제과제빵은 무조건 배합표에 맞춰서 만들어야 해요. 재료의 물성에 따라 배합이 딱 맞아떨어져야 완전한 제품이 만들어지죠. 그런 걸 모두 계산해서 가장 적합한 배합표를 만드는 일이 금방 끝나진 않아요.

예를 들어 초콜릿을 만들 때에는 가장 좋은 향미를 연구하고

Job
Propose 48

들어가는 재료와의 궁합도 고려해야 하죠. 빵을 만들 때에도 반죽의 발효를 끝내고 나면 5.0에서 5.5 사이의 산도가 나오는 게 가장 좋은데, 만약 유자를 넣게 되면 유자도 산성이라 산도가 낮아져 이를 맞추기 위해 몇 번씩 시뮬레이션을 해야 해요. 화학적 특성에 맞춰서 기계적인 측정도 해야 하고요. 그렇게 새로운 제품을 연구해서 기계적인 측정까지 끝내고 완벽한 제품을 시장화시키는 데까지는 보통 짧으면 한 달, 길면 6개월까지 걸리죠.

편 앞서 육체적으로 힘든 게 유일한 단점이라고 하셨는데요. 계속 서서 작업을 하는 게 쉬운 일은 아니죠?

김 그렇죠. 20대에 처음 이 일을 시작했을 때만 해도 힘들어서 한 달에 한 번씩 쓰러졌어요. 특히 생리 기간이면 몸이 더 좋지 않았고, 신경도 많이 써서 스트레스를 받기도 했죠. 안 되겠다 싶어 체력을 기르기 위해 작년까지는 운동을 꾸준히 해왔어요. 주어진 시간 동안 집중해서 운동하는 걸 좋아해 퍼스널 트레이닝을 받았죠. 체력이 중요하지만 사실 정신력으로 버틴 것도 있어요. 아침에 일어나서 저녁까지 계속 일하려면 체력만으론 안되더라고요.

편 아침에 판매할 빵을 만들기 위해 새벽부터 나가 준비하는 일도 힘들 것 같아요.

김 네. 새벽에 나와 일하는 게 힘들기 때문에 보통 새벽 조 같은 경우는 신입 직원들이 많이 해요. 새벽 조가 5시에 나와 빵을 만들기 시작하고, 관리자급은 오전 7~8시쯤 출근을 하죠. 빵 만드는 작업은 물론 계속되는 새벽 출근도 쉽지 않기에 체력 관리가 무엇보다 중요해요.

기억에 남는 고객이 있었나요?

편. 기억에 남는 고객이 있었나요?

김. 손님 중에 스님 한 분이 계셨는데 제 초콜릿을 굉장히 좋아하셨죠. 저는 초콜릿을 만들 때 첨가물을 넣지 않고 카카오와 생크림, 버터, 물엿 이 네 가지만으로 맛을 냈어요. 온도 차이에 따라 물성을 바꿔 써가면서요. 그 스님은 일주일에 한 번씩 보살님을 통해 초콜릿을 사 가셨는데요. 일주일에 한 번 다도를 하면서 이 초콜릿을 드셨대요. 제가 만든 제품을 드시고 극강의 달콤함이다, 부처님이 참선할 때와 같은 기쁨을 느낄 수 있다는 얘기를 해주셨는데 그 말을 들으니 정말 기쁘더라고요.

편. 최고의 찬사 아닌가요?

김. 최고의 찬사죠. 늘 맛있게 드셔 주시니 그분을 위해서 좀 더 다양한 종류를 만들기도 하고 덤도 많이 드렸어요. 스님이 커피도 좋아하셔서 커피 초콜릿도 만들고 말차나 에스프레소를 넣은 초콜릿도 만들었었죠.

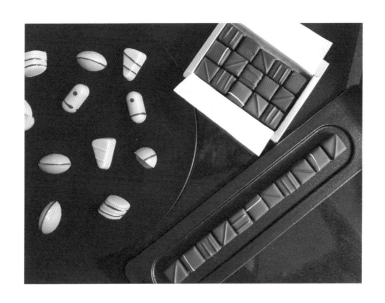

편. 고객과의 소통도 중요할 것 같아요.

김. 저 같은 경우 따로 휴대폰을 하나 더 들고 다니면서 아침부터 저녁까지 계속 고객들과 소통했어요. 손님들이 상품에 대해 이것 저것 문의하는 일이 많았는데 바로바로 답을 안 해주면 짜증이 날 수 있잖아요. 그래서 전 자다가도 문의가 오면 일어나서 전화를 받고 문자에 답장했죠. 담당하는 수업도 많았는데 블로그가 유행했을 때라 하루에 제품 하나씩은 블로그에 올리려고 노력했고요. 어느 날은 친구들과 쇼핑을 하는데 고객에게 연락이 와서 물건은 구경 못 하고 내내 통화만 했어요. 친구들이 그전엔 한 시간에 얼마를 번다며 부러워하기도 했는데, 그런 제 모습을 보면서 더는 그렇게 생각하지 않게 되었죠.

진상 고객도 많을 것 같아요.

다행히 심한 진상 고객은 그리 많지 않았어요. 어쩌다 아르바이트생에게 쪽지를 주고 가는 사람 정도였죠. 제가 마케팅 차원에서 잘생기고 예쁜 친구들을 채용했더니 그런 일이 종종 있더라고요. 또 가끔 다른 빵집에서는 이것보다 큰 빵을 1,500원에 파는데 여기는 왜 이렇게 비싸냐고 타박하는 사람도 있었어요. 보면 꼭 어르신들이나 가끔 오는 사람들이 가격이나 제품의 크기에 대해 불평하곤 했죠. 저희 베이커리에서는 소금 하나도 천일염을 고집했고, 빵마다 가장 적합한 밀가루를 따로 사용하는 등 재료에 신경을 많이 썼어요. 팬클럽 행사나 돌잔치 등에 쓰일 제품 의뢰가 들어오면 혹시 아토피는 없는지 다른 건강 문제는 없는지 물어보고 고객의 건강 상태에 맞춰 제품을 만들었죠. 그런 만큼 아주 저렴한 가격으로 판매할 순 없었어요. 가격이 조금 나가더라도 몸에 좋고 맛도 좋은 제품을 만드는 데 주력했죠.

자신만의 시그니처 제품이 있을까요?

편 자신만의 시그니처 제품이 있을까요?

김 저는 제과제빵사지만 저만의 초콜릿 제품을 많이 만들었었고 고객들도 좋아해 주셨죠. 지역 특산물을 이용해서도 제품을 많이 만들었는데 여러 가지 이유로 상품화시키진 않았어요. 예를 들어 자두 같은 경우도 분말화해 제품을 만들었었는데 열 박스를 분말화하려니까 880만 원이라는 비용이 들더라고요. 괜찮은 제품이 나왔지만 단가 책정이 불가능해 상품화시키지 못했죠. 아무래도 지방에서 일하다 보니까 농업기술센터에서 특산물을 이용한 제품을 개발해 기술을 이전해달라는 요청을 많이 받았어요. 연구를 하고 만들긴 했는데 이런저런 여건상 상품화되지 못해 아쉽네요.

편 만들기 어렵거나 까다로운 제품이 따로 있나요?

김 무스 종류들이 손도 많이 가고 만들기도 어렵죠. 시간을 들여 구상해야 하는 데다가 비싼 재료도 많이 들어가는데 냉장고에 넣어두면 냄새가 나서 오래 두고 팔 수도 없고요. 제가 고집을 부려서 계속 만들긴 했는데 지방에서는 생각보다 잘 팔리지 않더라고요. 까다롭긴 하지만 만드는 게 재미있어서 수업에서는 종종 무스를 만들었어요. 학생들도 그런 어려운 제품 만들기를 좋아했죠.

특별히 기억에 남는 에피소드가 있나요?

편 특별히 기억에 남는 에피소드가 있나요?

김 앞에서 잠깐 얘기했는데 전에 어느 팬클럽 회장이 빨간 톤의 장미꽃으로 3단 버터크림 플라워 케이크를 만들어달라고 했어요. 배송해 주기로 한 전날 아이싱과 데커레이션을 해서 미리 다 만들어놨는데요. 기차로 케이크를 옮기면서 뒷면이 무너졌다는 거예요. 너무나 안타깝고 속상해서 그 뒤로는 직접 배송까지 맡아서 안전하게 고객 앞까지 가져다드렸죠. 매년 같은 시기에 여자 친구를 위한 이벤트에 쓸 제품을 만들기 위해 찾아오는 한 남학생도 기억이 나요. 흥미로운 사실은 매년 여자 친구가 바뀐다는 거였죠.^^ 제품은 저한테 만들어달라고 요청하지만 꼭 본인이 와서 제품을 만드는 모습을 찍더라고요. 여자 친구에게 자기의 정성과 마음을 보여주고 싶었나 봐요. 굉장히 재미있는 친구였죠.

또 생각나는 사람은 제가 많이 아끼는 제자예요. 지금은 전문 디저트 숍을 운영하고 있는 그 친구는 중학생일 때부터 저희 매장의 손님이었죠. 당시 한 달 용돈이 5만 원이었는데 그 돈으로 마카롱을 사러 오면서 올 때마다 아이템을 하나씩 배워갔어요. 돈이 별로 없으니까 가끔 설거지 아르바이트를 하기도 했고, 제가 무료로 수업을 하면 굉장히 열심히 들었죠. 늘 선생님, 하고 부르면서 대학생이 될 때까지 꾸준히 매장에 찾아왔고, 저희 제품을 누구보다 맛있게 먹으며 컸던 그 친구는 이제 어엿한 페이스트리 셰프가 되었어요. 제가 만든 디저트를 먹고 저와 같은 셰프가 되고 싶다던 그 제자 덕분에 저는 교육자의 길에 대해 진지하게 생각하게 되었죠. 선생님 같은 사람이 되고 싶다고 얘기하는 그 아일 보면서 부끄러운 사람이 되지 말자고 다짐하곤 했고요.

문제가 생길 때는 어떻게 해결하세요?

[편] 제품을 만들다 보면 생각지 못한 문제가 생기는 경우도 있겠죠. 그럴 때는 어떻게 해결하세요?

[김] 언젠가 파티 케이크를 주문받은 적이 있어요. 손이 많이 가는 제품이라 이틀에 걸쳐서 완성한 후 작업장에 두었죠. 문을 닫아놨는데 매장에 놀러 온 아이가 그 문을 열고 들어가 케이크를 만진 거예요. 너무 예뻐서 자기도 모르게 손을 댔나 봐요. 배송까지는 두 시간밖에 남질 않았는데 다시 만들어야 하는 상황이 되었죠. 정신이 없어서 너무 급하게 하다 보니 그만 이니셜을 틀리고 말았어요. 특별한 날 주문한 케이크인데 고객은 얼마나 화가 나겠어요. 컴플레인이 엄청나게 들어왔죠. 고객의 마음을 백번 이해하기에 그분이 말하는 걸 다 듣고 진심으로 사과드리며 돈을 환불해 드렸어요. 사실 시간이나 시일이 너무 촉박하다 보면 실수가 나올 수 있어요. 이 일을 계기로 너무 촉박한 건은 맡지 말아야겠다는 생각을 했죠. 다른 고객의 실수로 이런 일이 발생했지만 작업장에 들어가는 걸 보지 못한 제 잘못도 있으니 매장 관리도 더 철저히 해야겠다는 마음도 들었고요.

제과제빵사로 일하면서 겪는 어려움이 있다면요?

편 제과제빵사로 일하면서 겪는 어려움이 있다면요?

김 직접 몸을 사용해 일해야 하다 보니 아무래도 체력 소모가 많죠. 무거운 것도 들어야 하고 바르지 않은 자세로 서 있는 시간도 많고요. 저는 독립적이고 진취적인 성격이라 좀 무거워도 혼자 다 들고 옮기는 편인데요. 그렇게 무거운 물건을 자주 들다 보니 한번은 목이 옆으로 돌아가질 않더라고요. 몸이 안 좋으면 일을 제대로 할 수가 없으니 거의 한 달 동안 정형외과에 가서 근육주사도 맞고, 한의원에 가서 물리치료도 받으면서 열심히 치료했죠.

한번은 일이 너무 많아서 늦잠을 자는 바람에 지방에 있는 학교 수업에 늦을 것 같아 택시를 탔어요. 그런데 고속도로에서 교통사고가 난 거예요. 당시엔 빨리 수업에 들어가야 한다는 생각밖에 없어서 그 몸으로 학교에 가서 끝까지 수업을 마쳤죠. 다 끝나고 나니 그때부터 몸이 아픈 게 느껴지더라고요. 그렇다고 다른 수업도 있고 매장도 계속 운영해야 하는데 마음 편히 쉴 수도 없잖아요. 낮엔 일하고 저녁 늦게 야간 진료하는 병원에 다니며 물리치료와 도수치료를 받았죠. 몸이 재산인데 그런 일을 겪으니 관리에 좀 더 신

경을 써야겠다는 마음이 들었어요. 이후로는 일주일에 하루는 경락을 받고 이틀은 운동을 하면서 관리를 하고 있죠.

편 손을 쓰는 일도 많죠?

김 일을 너무 많이 해서 손목 상태가 좋진 않아요. 수업을 할 때도 전체 학생들 손목을 하나하나 다 잡고 방법을 알려주는 편이라 손목이 좋을 수가 없죠. 오후가 되어 손목이 아파지면 꼭 후회를 하면서도 막상 수업에 들어가면 그렇게 되더라고요.

훌륭한 제과제빵사가 되려면
어떤 노력을 기울여야 할까요?

편 훌륭한 제과제빵사가 되려면 어떤 노력을 기울여야 할까요?

김 다들 잘 알고 있겠지만 일단은 튼튼한 체력이 우선이기 때문에 평소 운동 등을 통해 체력을 관리하는 게 필요하죠. 새로운 제품을 배우거나 개발할 수 있도록 계속해서 무언가를 알고 싶다는 호기심과 적극적으로 나아갈 수 있는 진취력도 길러야 해요. 끈기와 인내력을 가지고 일을 끝까지 마무리하는 책임감을 기르는 것도 중요하죠. 처음엔 호기롭게 시작했다가 끝맺음이 깔끔하지 못한 사람들이 생각보다 많더라고요. 자신이 맡은 일, 해내고자 마음먹은 일이 있다면 무슨 일이 있어도 해내는 사람이 되려고 노력해야겠죠.

저는 잘 몰랐는데 친한 후배가 하는 말이 제가 카페나 베이커리에 가면 자연스럽게 디저트 냉장고에 먼저 눈이 간다고 하더라고요. 생각해 보니 어느 매장에 가건 저도 모르게 냉장고를 살피고 매장을 쭉 둘러보면서 테이블 단가나 시간당 단가를 가늠하고 있었죠. 이 매장에서 가장 주요한 제품은 이거고, 새로 나온 디저트나 요즘 유행하는 디저트로는 뭐가 있고, 인기 있는 상품은 무엇인지 관찰하면서요. 저는 그런 식으로 트렌드를 살피는 관찰력도 중요하다고 생각해요. 마지막으로 자신의 기술을 계속해서 발전시켜 나가는 자세도 필요하겠고요.

일을 잘 수행하기 위해 따로 노력하고 있는 것이 있나요?

편 일을 잘 수행하기 위해 따로 노력하고 있는 것이 있나요?

김 책을 많이 보는 편이죠. 서점에 가서 최근에 나온 책 중 관심 있는 분야는 모두 구입해서 읽고 있어요. 지금 혼자 살고 있는 집의 안방을 서재로 사용하고 있는데 그러다 보니 안방이 책으로 둘러싸여 있죠. 해외에 나가도 서점에 꼭 들러서 베이커리나 요리 책을 구입해 읽고 동향을 파악하고 있어요. 여러 카페에 들러 그 나라의 트렌드를 살피는 것도 빼놓지 않고요. 해외에서는 사람들이 어떤 걸 좋아하는지 더 잘 파악하기 위해 언어 공부도 열심히 하고 있죠.

유명한 셰프들이 수업을 하면 하루에 몇 백만 원 하는 고가의 비용이 들더라도 꼭 참여해서 배우고 있어요. 저도 계속 배워야 새로운 걸 학생들에게 가르칠 수 있으니까요. 저는 학습된 사람이지 타고난 셰프는 아니에요. 그런 제 자신을 잘 알고 있기 때문에 메마른 샘이 되지 않도록 꾸준히 노력하고 있죠. 지금은 코로나19로 인해 전시회나 문화생활을 많이 즐기진 못하는데요. 그 이전에는 시간을 내서 전시회나 박람회에 가는 일이 많았어요. 특히 카페 &

베이커리 페어나 카페쇼는 가능한 모두 참석했죠. 살롱 드 쇼콜라 Salon Du Chocolat 같은 경우는 1회 시작할 때부터 갔고요. 많이 보는 만큼 견문이 넓어진다고 생각하기에 기회가 있을 때마다 시간을 내는 편이에요.

일하면서 한계를 느낀 적이 있나요?

📝 일하면서 한계를 느낀 적이 있나요?

🔑 특별히 한계를 느낀 적은 없는데요. 예전에 매장을 운영할 때 화재가 나서 힘들었던 경험이 있어요. 과학수사대가 와서 조사를 했는데, 저희 매장의 잘못으로 일어난 사고라고 결론을 내려서 누구에게 책임을 물을 수도 없었죠. 하필이면 화재보험을 갱신하는 와중에 일어난 일이라 경제적인 손실이 매우 컸어요. 너무 속상했지만 그대로 주저앉을 순 없어서 대학원을 탈출구로 삼아 열심히 공부하면서 매장은 다시 새로운 스타일로 인테리어를 하기 시작했죠. 젊으니까 다시 일어날 수 있다는 생각으로 당장 눈앞에 닥친 일을 하나하나 처리하다 보니 결국 극복이 되더라고요. 어머니와 함께 운영했던 매장이라 어머니의 격려가 큰 힘이 돼주었고요. 어머니는 지금도 저의 가장 큰 응원군이죠.

📝 보통은 가족과 함께 일하는 게 쉽지 않다고들 하는데 어머니와 함께 잘 헤쳐 나가셨네요.

🔑 솔직히 함께 일하면서 문제가 생긴 적도 많았어요. 취향이 다

르다 보니 의견 차이가 계속 생기더라고요. 그렇지만 다른 부분에서는 항상 제 편을 들어주셨어요. 늘 저를 지지해 주고 응원해 주셨죠. 처음엔 어머니께 배우는 게 많았는데, 대학원에도 다니며 열심히 공부하다 보니 어느 순간 제가 어머니의 수준을 넘어서 버린 거예요. 제과제빵 분야만큼은 제가 조언을 하는 입장이 되었죠. 어머니는 그런 저를 자랑스럽게 생각하시고요.

스트레스는 어떻게 해소하나요?

편 스트레스는 어떻게 해소하나요?

김 흔히 굴에 들어간다고 얘기하죠. 저 같은 경우도 밖으로 티를 내지 않고 집에 가서 잠을 자거나 책을 읽어요. 그렇게 혼자 조용히 시간을 보내고 나면 스트레스가 어느 정도 해소되죠. 때론 마음이 맞는 친구들과 만나 이런저런 얘기를 나누기도 해요. 같은 분야에서 일하는 지인들이 많은데, 그 친구들과 함께 새로운 음식을 먹거나 재미있는 공연을 보고 대화를 하다 보면 한결 기분이 나아지거든요. 그런 식으로 혼자 좋아하는 일을 하거나 친구들과 만나 자연스럽게 푸는 편이에요.

성취감을 느끼는 순간이 있나요?

🖊 성취감을 느끼는 순간이 있나요?

🖊 매장을 운영할 때는 제가 만든 제품들이 보기 좋게 진열되고, 그게 또 잘 팔려나가면 성취감이 들었어요. 많이 팔리면 돈도 그만 큼 벌지만 손님들이 좋아한단 뜻이기도 하니 인정을 받은 것 같아 뿌듯하더라고요. 지금은 교단에 섰기 때문에 학생들에게 신임과 지지를 받을 때 성취감을 느껴요. 그 친구들의 믿음을 잃지 않도록 계속 유지해 나가는 게 중요하겠죠. 아마도 앞으로는 제 제자들이 제과제빵 분야에서 각자의 꿈을 펼치며 살아가는 모습을 보게 되면 큰 만족감을 느낄 것 같아요. 아직 결혼을 안 해서 그런지 다 제 자식 같은 생각이 들어서 그 친구들이 잘되면 무척 자랑스럽고 뿌듯할 것 같네요.

🖊 반대로 좌절감을 느끼거나 포기하고 싶었던 때가 있었나요?

🖊 제가 쉽게 포기하거나 좌절하는 스타일은 아닌데 앞서 얘기했던 화재 사고 당시에는 큰 좌절감을 느꼈었죠. 반쯤 타버린 매장을 생각하면 허망한 느낌이 들어 다시 시작할 의지가 많이 꺾였지만,

다행히 대학원에 다니면서 공부를 하다 보니 새로운 돌파구를 찾은 느낌이 들었어요. 열심히 배우며 마음을 다잡고 계획을 세워서 매장을 새로 단장했죠.

저는 이 일을 늦게 시작한 편이에요. 우리나라만 해도 10대에 시작하는 사람이 많고, 외국에서는 중학교만 졸업하고 시작하는 친구도 꽤 되거든요. 늦게 시작한데다 타고난 기술력을 가진 것도 아니라 천재적인 테크닉과 감각을 가진 사람을 보면 좌절감까진 아니더라도 자신감이 좀 떨어지긴 했어요. 하지만 곧 저렇게 빛나는 셰프가 되긴 힘들겠다, 그래도 난 학습을 잘하니까 후천적으로 계속 노력해야겠다고 다짐했죠. 나는 뛰어난 사람도 아니고 오히려 늦되게 배우는 사람이니 노력만이 길이라고 생각해서 점진적인 프로그램을 만들고 구축해 나갔어요. 한 단계를 건널 때마다 성취감을 느낄 수 있었고, 그러면서 조금씩 성장해 나갔죠.

제과제빵사를 꿈꿨을 때와
되고 난 후 달라진 점이 있다면요?

편 제과제빵사를 꿈꿨을 때와 되고 난 후 달라진 점이 있다면요?

김 이 직업을 동경했을 때는 귀엽고 예쁜 디저트를 만드는 아기자기한 일인 줄 알았어요. 그런데 막상 일을 시작해 보니 3D더라고요. 힘든 일이란 걸 몸소 깨치게 되었죠. 체력적으로도 굉장히 힘든데 그렇다고 돈을 엄청나게 버는 것도 아니었어요. 제가 의학전문대학원 입시를 준비할 때 함께 공부했던 사람들은 다들 의사가 되었는데, 그 친구들은 일반적으로 평균 이상의 돈을 벌잖아요. 반면 저는 수많은 제품을 만들어서 박리다매를 하는 것이나 마찬가지였죠. 그렇다고 후회하는 건 아니에요. 제가 원해서 시작했고, 어느 정도의 성취를 이루고 이 자리까지 와있잖아요. 의사라는 사회적 지위는 없어도 제 분야에서 최선을 다하며 즐겁게 일하고 있는 지금이 저는 좋아요.

어떤 마음의 자세로 일하세요?

편 어떤 마음의 자세로 일하세요?

김 매장을 운영할 때는 무엇보다 고객들에게 최고의 제품을 제공해야 한다는 생각으로 늘 최선을 다했어요. 조금이라도 마음에 들지 않으면 진열하지 않았고, 제가 만족할 수 있는 제품만 매장에 내놨죠. 시식 제품조차 제 성에 차지 않으면 내놓지 않았는데요. 그 부분에서 어머니와 가장 많은 의견 차이가 있었어요. 어머니는 어차피 남는 거 손님들에게 드리면 좋지 않냐는 생각을 하셨고, 전 고객들이 이 맛을 기억하고 다시는 같은 제품을 사지 않을 거라 생각한 것이었죠. 처음 일을 시작할 때부터 매장을 접을 때까지 샘플이든 판매하는 빵과 디저트든 언제나 최고의 제품을 제공하기 위해 노력했어요.

직원 관리를 위해 근무환경과 복지에도 신경을 많이 썼어요. 퇴사할 때도 웃는 얼굴로 기분 좋게 나갈 수 있도록 새로운 출발을 응원하며 보내줬죠. 모든 사람이 좋은 사람이 될 수는 없겠지만 그래도 일하는 동안 최선을 다해 따뜻하게 대해주면 상대방의 마음도 좋은 방향으로 움직일 거라 생각했어요. 저를 통해 좋은 감정을 느꼈다면 그 마음을 다른 사람에게 전달하면 좋겠다 싶었고요. 그 렇게 선한 영향력을 미치는 사람이 되고자 평소에도 바르고 친절하게 생활하려고 노력했죠.

지금 교수의 입장에서는 학생들에게 가능한 많은 걸 알려주고 그들에게 최선의 길을 안내하고 싶은 마음이에요. 저희 학교에 온 학생들이 전국 최고의 스펙을 가진 학생은 아니에요. 가정환경이 매우 어려운 친구도 있죠. 저마다 상황은 다르지만 온전히 저를 믿고 열심히 공부하고 있는데요. 그 학생들에게 제가 해줄 수 있는 건 기초를 단단히 잡아주고 취업에 이르도록 하나라도 더 많은 걸 가르쳐 주는 것이겠죠. 그들 앞에 놓인 돌 하나하나를 제가 대신 치워줄 순 없어도 그 친구들에게 더 많은 선택지가 갈 수 있도록 많이 알려주고 싶네요.

제과제빵사란

제과제빵사라는 직업에 대해 소개해 주세요.

편 제과제빵사라는 직업에 대해 소개해 주세요.

김 제과제빵사란 다양한 빵과 과자류를 만들고 새로운 제과제빵
메뉴를 개발하는 사람을 말해요. 빵을 전문으로 만드는 제빵사와
케이크나 파이 등을 만들고 장식하는 제과사로 구분하기도 하죠.
빵집, 프랜차이즈 베이커리의 본사 공장이나 가맹점, 호텔의 제과
부 등에서 근무하고요. 제품 만드는 순서를 알면 저희가 하는 일을
더 쉽게 이해할 수 있을 거예요. 우선 제조할 제품을 만들기 위해서
는 종류에 따라 원료를 선별한 후 일정 비율로 계산을 해요. 손이나
혼합기를 이용해 반죽을 완성한 후 일정한 온도와 습도에서 규정
된 시간 동안 발효하고 숙성시키죠. 오븐에 넣어 온도와 시간을 조
절하여 구운 후 냉각기 혹은 자연 상태에서 냉각시켜요. 이후 제품
의 종류에 따라 크림이나 잼 등을 이용해 장식을 하고 포장을 하고
요. 제품이 마무리되면 남은 재료를 잘 보관하고 조리기구와 오븐
을 정돈하여 청결을 유지하는 것도 중요하죠.

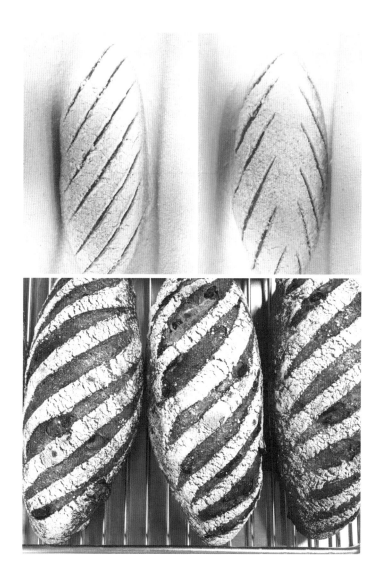

편 제과제빵사를 파티시에라고도 부르던데 맞는 표현인가요?

김 파티시에가 방송에 종종 등장하면서 사람들에게도 익숙한 직업이 되었어요. 〈내 이름은 김삼순〉이란 드라마는 파티시에 붐을 일으키기도 했고, 엄청난 인기를 구가한 〈꿈빛 파티시엘〉이란 애니메이션 역시 아이들에게 파티시에라는 직업에 대한 관심을 불러일으켰죠. 그런데 파티시에는 케이크나 쿠키, 파이 등 제과 제품을 전문적으로 만드는 제과사를 표현하는 말이에요. 식사용 빵을 만드는 사람, 즉 제빵사는 나라에 따라 블랑제 혹은 베이커라고 부르죠. 외국에서는 파티시에와 베이커가 다른 직업으로 구분되어 있어요.

프랑스에선 우리나라처럼 빵과 디저트 제품이 한 매장에 다 들어가 있진 않아요. 빵을 전문적으로 만드는 곳에선 디저트 제품을 거의 팔지 않죠. 디저트 숍이 다 따로 있거든요. 반면 우리나라에서는 제과사와 제빵사를 구분하기도 하지만 제과제빵사라고 통칭하며 그들이 빵도 만들고 디저트나 초콜릿도 만드는 일이 많아요. 한 사람이 뺑드미Pain De Mie라고 하는 식빵 종류의 빵을 만들기도 하고 케이크나 과자도 만드는 것이죠. 정리하자면 제과제빵사라는 명칭 안에 파티시에, 블랑제, 쇼콜라티에가 모두 포함되어 있다고도 볼 수 있어요.

구체적으로 어떤 일을 하나요?

편 구체적으로 어떤 일을 하나요?

김 제과제빵사는 빵과 케이크, 프티가토, 초콜릿 같은 디저트를 만드는 일을 하는데요. 모든 종류를 다 만들기도 하지만 일하는 곳에 파트가 나누어져 있다면 각자 맡은 업무를 주로 하게 되죠. 예를 들어 빵 파트에서 빵만 만드는 일을 할 수도 있고, 앙뜨르메 Entremets, 예전에는 로스트와 디저트 사이에 먹는 가벼운 음식을 가리켰는데 요즘에는 식후 디저트 전에 먹는 단 음식을 가리키며 점차 디저트와의 구별이 사라지고 있음라고 해서 디저트를 만드는 파트에서 다양한 디저트 만드는 일을 할 수도 있는 거예요. 초콜릿을 만드는 파트에서 초콜릿만 만드는 일을 할 수도 있고요.

예전엔 빵 파트에서 일을 하게 되면 보통 이른 새벽에 출근하거나 식사 빵을 만드는 경우엔 밤늦게 출근했어요. 아침 일찍 빵이 나와야 하니까 그 시간에 출근해서 일할 수밖에 없었죠. 그런데 최근 도우 컨디셔너라는 기계가 나오면서 출근 시간에도 변화가 생기기 시작했어요. 이 기계에 반죽을 만들어서 넣어놓으면 시간에 맞춰 1차 발효가 되고 휴지가 됐다가 2차 발효가 돼요. 아침 6~7시에 출근해서 오븐에 넣기만 하면 빵이 만들어지니 밤늦게 출근할 필요가 없어졌죠.

저 같은 경우 예전에 매장에서 일할 때 블랑제보단 파티시에와 쇼콜라티에에 더 가까웠어요. 아름답고 맛있는 디저트를 추구하다 보니 케이크나 초콜릿을 연구하고 만드는 일을 많이 했죠. 그 중에서도 초콜릿에 특히 관심이 많아서 제 매장은 초콜릿이 특화되어 있었어요. 빵 만드는 일도 좋아하긴 했지만 매장을 운영하다 보면 재고 관리에도 신경을 써야 해서 생지를 활용하곤 했죠. 보통 그날 만든 빵은 그날 안에 모두 소진해야 하기 때문에 생지 활용은 매우 적합한 방법이었어요. 요즘엔 생지가 잘 나오기 때문에 이걸 가공해서 더 예쁘게 만드는데 집중했죠.

편 취업 시 본인이 원하는 파트를 선택할 수 있는 건가요?

김 본인이 특별히 관심 있거나 좋아하는 분야를 선택하면 좋겠지만 그러긴 어려워요. 보통 처음 입사해서는 정해주는 파트에 들어가 기술을 쌓고, 어느 정도 경력이 생기면 원하는 쪽으로 지원을 하게 되죠. 디저트 분야는 굉장히 섬세한 손길을 요구하고 단가도 비싸기 때문에 신입 직원에게 일을 맡기는 경우는 잘 없어요. 처음엔 다들 재료를 계량하는 일, 또는 샌드위치 기사라고 해서 신선한 샐러드나 샌드위치를 만드는 일로 시작하죠. 또는 숙련된 기술자들이 성형한 반죽을 오븐에서 굽는 작업을 하기도 하고요. 그 후에 빵 반죽 만드는 일 혹은 크림이나 앙금과 같은 충전물을 만드는 일을 하게 되고, 숙련이 되면 빵 성형이나 디저트 제조 업무로 넘어가는 구조예요. 이런 식으로 기본 업무부터 하나하나 익히고 난 후에 원하는 파트로 갈 수 있죠.

편 빵 만드는 과정을 간략히 소개해 주실 수 있을까요?

김 빵을 만들기 위해서는 먼저 재료를 계량하고 반죽을 해야 해요. 반죽이 완료되면 1차 발효를 하고 분할을 한 뒤 벤치 타임이라고 하는 중간 발효 시간을 가지죠. 이후 원하는 제품의 부피가 될 때까지 2차 발효를 하고 나면 마지막으로 오븐에 넣어 굽고 구워진 걸 포장하면 완성이에요.

Job
Propose 48

Job
Propose 48

어떤 사람들과 함께 일하나요?

편 어떤 사람들과 함께 일하나요?

김 큰 규모의 매장은 각 분야마다 팀이 있어서 팀장 및 팀원들과 함께 일하게 되죠. 제가 운영했던 작은 매장 같은 경우 저처럼 업무를 총괄하는 사람과 매니저, 직원들로 구성된 경우가 많고 규모가 작으니 모든 직원과 협업할 수밖에 없어요. 저는 각 직원들의 면면을 꼼꼼히 살펴서 그 친구들에게 가장 적합한 일을 맡겼어요. 섬세한 직원에게는 데커레이션과 같은 업무를, 체력이 좋은 직원에게는 힘을 좀 써야 하는 반죽 등의 업무를 주었죠.

편 함께 일하고 싶은 팀원은 어떤 사람인가요?

김 자기가 맡은 바에 최선을 다하는 책임감 있는 사람, 인성이 바른 사람과 일하고 싶어요. 매장을 운영하면서 쉽게 이직하는 사람들 때문에 힘들었던 적이 종종 있었어요. 기본기를 가르쳐 놓으면 더 규모가 큰 곳으로 훌쩍 떠나버리는 친구들이 꽤 있었거든요. 물론 저희 매장보다 좋은 조건을 제시하면 그쪽으로 마음이 기우는 것은 당연하겠지만, 또 새로운 직원을 채용하고 다시 처음부터 가

르쳐야 하니 제 입장에선 힘들기도 했죠.

　　사실 수습 기간에는 한 사람의 직원으로서 제대로 된 업무를 한다고 볼 수 없어요. 수습 기간은 말 그대로 기본기와 실무를 습득하고 익히는 데 주력하는 기간이기 때문이죠. 이 기간이 끝나고 나면 어엿한 직원으로서 매장 운영에 도움이 될 거라 기대해 열심히 가르치는 것인데 바로 가버리면 아무래도 아쉬운 마음이 들기도 해요. 기술을 익혔으면 책임감을 가지고 어느 정도 함께 근무할 수 있는 친구들과 일하고 싶어요. 작은 규모의 매장일수록 팀워크가

중요하기 때문에 너무 개인적인 사람보다는 인성이 좋아 동료들과
잘 지낼 수 있는 사람이 좋고요.

제과제빵의 종류도 소개해 주세요.

편 제과제빵의 종류도 소개해 주세요.

김 빵은 크게 식사 빵과 디저트 빵으로 나눌 수 있어요. 밀가루와 물, 효모, 소금만으로 만드는 게 식사 빵의 기본인데 이게 사실 잘 만들기가 굉장히 어렵죠. 재료 숫자가 적고 만드는 방법이 단순할수록 제대로 된 맛을 내기가 어렵거든요. 프랑스빵인 비에누아즈리나 페이스트리, 캉파뉴, 우리가 흔히 먹는 식빵과 바게트, 모닝롤, 베이글, 치아바타 등이 여기에 속해요. 반면 디저트 빵은 좀 더 다양한 재료를 이용해 만들죠. 소시지나 야끼소바, 샐러드를 넣어 조리 빵을 만들기도 하고, 단팥이나 버터, 야채, 치즈, 크림을 넣어 다채로운 맛을 내기도 해요. 제과 같은 경우 케이크나 무스, 푸딩처럼 찬 디저트가 있고, 구움과자인 마들렌이나 다쿠아즈, 까눌레, 피낭시에와 같은 따뜻한 디저트가 있어요. 그 밖에도 각종 재료를 넣은 파이나 타르트, 브라우니, 쿠키 등 수많은 종류가 있죠.

편 요즘엔 어떤 제품이 인기가 많은가요?

김 빵이나 디저트나 트렌드를 굉장히 많이 타요. 지역별로 인기

있는 제품에도 차이가 좀 있죠. 제가 서울에 있다 지방에 내려갔잖아요. 서울에서 한참 전에 유행했던 마카롱이 지방에선 지금도 많이 팔리더라고요. 서울에선 발효 빵 중에서도 사워도우 종류가 유행하면서 건강에 좋은 천연 발효 빵이 굉장히 인기였는데, 여기선 아직까지 달달한 빵을 많이 찾고요. 단팥이나 크림치즈가 들어간 빵이나 조리 빵들이 많이 나가죠.

편 우리나라의 뚱카롱은 해외에서도 인기가 많다고 들었어요.

김 그렇다고 해요. 그런데 사실 저는 뚱카롱을 그다지 좋아하진 않아요. 마카롱의 묘미는 흔히 껍질이라고 하는 *꼬끄*와 안에 들어간 필링의 밸런스인데, 뚱카롱은 필링이 너무 많잖아요. 조화가 깨진 느낌이 들고 *꼬끄*의 맛도 전혀 즐길 수 없어서 별로 좋아하지 않죠. 아마도 사람들은 필링 맛으로 먹는 것 같아요. 아무래도 양이 많고 풍성해 보이기 때문에 가성비가 좋다는 생각을 할 수도 있고요.

정석대로 얘기하자면 마카롱은 한입에 들어갈 수 있는 크기여야 해요. 겉은 바삭하고 속은 촉촉하면서 부드러운 단맛을 내야 하고요. 프랑스에 피에르 에르메 파리라고 마카롱으로 유명한 매장이 있어요. 그 가게는 반죽을 구운 후 가장자리는 버리고 속 부분만 쓴대요. 촉촉한 부분만 골라서 사용하는 거죠. 괜히 비싼 게 아니었어요. 뚱카롱은 이렇게 정석대로 만들지는 않지만 우리나라는 물론 해외에서도 인기가 좋은데요. 그 이유를 추측해 보면 일단 푸짐해 보이고 여러 가지 재료로 다양한 맛을 내서 인기가 있는 게 아닌가 싶어요. 우리나라 보통의 떡집에서 전통 방식에 따라 떡을 만들어 파는 것처럼 외국에서도 그런 식으로 과자를 만드는데 우리나라 사람이 그걸 깨뜨린 거예요. 가성비도 좋지만 그런 발상이 재미있어서 역으로 수출이 되는 게 아닐까 싶고요.

제과제빵의 역사가 궁금해요.

편 제과제빵의 역사가 궁금해요.

김 저도 정확히는 잘 몰라서 제 지도 교수님이 예전에 사단법인 대한제과협회에서 만든 『한국 빵 과자문화사』라는 책을 찾아봤어요. 빵과 과자에 대한 방대한 역사를 기록한 엄청나게 두꺼운 책인데요. 그 책에 보면 빵의 기원은 서기전 3천 년 경의 바빌로니아인들로부터 시작되었다고 해요. 효모를 넣은 희고 부드러운 빵은 서기전 2천 년경에 이집트인들에 의해 만들어졌고요. 동양에서는 기원전 5천 년 경에 양자강 연안에서 처음으로 빵이 만들어졌다고 해요. 가정에서 빵을 만들던 것이 하나의 직업으로 바뀐 건 지금으로부터 3천7백 년 전 일이라고 하고요.

편 우리나라 제과제빵의 역사도 알려주세요.

김 우리나라의 경우 일제강점기 때 일본인으로부터 빵·과자 업을 전수받았던 게 시작이었어요. 1935년에 김관욱이란 분이 일본 모리나카제과학교를 졸업한 후 신의주 건너 안동에서 중국인 직공 세 명과 일본인 기술자 한 명을 채용해 천수당과자포를 개점했죠.

이후 서울에서 고영제과와 명보제과를 운영했는데, 이들 제과점이 한국인이 운영하는 최초의 과자점이었다고 해요. 우리가 잘 알고 있는 전북 군산의 유명 빵집 이성당은 1920년대에 일본인이 운영하던 이즈모야제과점을 매입하여 지금까지 명맥을 이어오고 있는 것인데요. 이처럼 일제강점기에 일본인들이 차린 제과점을 광복 후 조선인이 이어받으면서부터 빵이 대중적으로 보급되기 시작했죠.

우리가 알만한 유명한 제과제빵사가
있다면 소개해 주세요.

편 우리가 알만한 유명한 제과제빵사가 있다면 소개해 주세요.

김 우리나라 노동부에서는 1986년부터 서류 심사와 면접을 통해 매년 각 기술 분야를 대상으로 최고의 기능인인 명장을 선정하고 있어요. 2000년에는 제과 부문에서 첫 명장이 탄생했는데요. 명장으로 선정되면 명장 증서와 함께 기능 장려금을 받고 각종 기능 경기의 심사위원으로 위촉되죠. 지금까지 열네 명의 제과 명장이 선정되었는데 모두 유명한 분들이세요. 1호는 화과자를 만드셨던 박찬회 명장님, 2호는 구 신라명과의 임헌양 명장님, 3호는 리치몬드 과자점의 권상범 명장님, 마지막 14호는 김덕규 명장님이시죠. 프랑스에도 이와 비슷한 제도가 있어요. 1924년 처음 만들어진 이래 3~4년마다 한 번씩 개최되는 유서 깊은 장인 공모전인 MOF가 바로 그것이죠. 200개 이상의 전문 분야에서 최고의 장인을 뽑고 있는데, 그중에서도 디저트와 제빵, 요리 분야는 경쟁률이 매우 치열한 것으로 알려져 있어요.

개인적으로 국내 7호 제과 명장인 안스베이커리의 안창현 명장님과 스테판 글라시에 MOF 셰프를 알고 있어요. 안창현 명장님은 과거 일본 유학을 통해 세대를 이어가는 장인 정신으로 무장된 가게들을 보면서 빵집이란 게 단순히 돈을 벌기 위한 곳만이 아님을 깨닫고 한국으로 돌아와 인천에 작은 가게를 내셨어요. 끊임없이 자신의 부족한 점을 배움으로 채우며 빵을 만드셨고, 현재는 280여 명의 직원이 근무하는 인천 최고의 베이커리를 운영하고 계시죠. 스테판 글라시에 MOF 셰프는 셰프 특유의 고집과 집념, 제과에 대한 열정이 가득한 분으로 프랑스는 물론 세계 각지에서 제과와 관련된 강의와 컨설팅을 하고 계시고요.

편 존경하는 제과제빵사가 있다면 소개해 주세요.

김 누구보다도 제 스승님들을 소개하고 싶어요. 먼저 소개할 분은 광화문의 명소였던 덕수제과의 대표님을 아버지로 두신 이광석 교수님이세요. 2대에 걸쳐 빵 만드는 기술을 닦아오신 분이자 4년제 대학에서 제과제빵을 전공으로 가르치는 유일한 분이시죠. 저는 이 교수님께 배우고 싶어 경희대학교에 지원했어요. 대학에서 만난 교수님은 학자로서의 면모도 매우 훌륭하셨고, 제과제빵과 관련한 지식도 많으셔서 배울 것이 참 많았죠.

　두 번째로 소개할 분은 SPC 컬리너리 아카데미의 성명주 선생님이세요. 셰프들의 스승이라고 불리는 성명주 선생님은 프랑스 제과 학교인 에꼴 르노뜨르Ecole Lenotre 제과 과정을 수료하고, SPC 에 르노뜨르 과정을 론칭해서 얼마 전까지도 강사로 활동하셨어요. 그동안 이분의 가르침 덕분에 현재 활동하는 수많은 셰프들이 탄생했죠. A부터 Z까지 테크닉 하나하나를 섬세하게 가르쳐주셔서 저 역시 크게 성장할 수 있었고요.

제과제빵사로 활동하는 사람이 얼마나 될까요?

📝. 제과제빵사로 활동하는 사람이 얼마나 될까요?

김. 협회에서 관련 내용을 찾아봤는데요. 가장 최근 데이터에 따르면 2019년에 제과제빵사로 일하고 있는 사람은 39,900명이며, 이 중에서 임금근로자는 75.1퍼센트인 23,200명이라고 해요. 평균 연령은 36.9세이고, 평균 12.6년의 학력을 보유하고 있고요.

📝. 남녀 비율은 어떻게 되나요?

김. 통계를 보면 남자가 54.2퍼센트, 여자가 45.8퍼센트로 남자가 더 높은 비율을 차지하고 있어요. 최근 들어 제과제빵을 전공하는 여학생이 점차 많아지고 있고 젊은 세대의 경우 남녀 비율이 비슷하긴 하지만 기존에 이 업종에 종사하는 분 중에서는 남자들의 수가 더 많기 때문에 이런 결과가 나왔다고 보면 될 거예요.

📝. 자격증 취득을 기준으로 한 수치인가요?

김. 아니요. 제과제빵사는 관련 자격증 없이도 될 수 있기 때문에 자격 유무와 상관없이 이 일에 종사하는 모든 분을 합한 것이에요.

아주 예전에 시작한 분 중에는 상당수가 자격증을 가지고 있지 않

으시죠. 그렇지만 요즘 학생들은 취업을 위해 대부분 자격증을 취

득하고 있어요.

외국의 제과제빵사와 다른 점이 있나요?

편 외국의 제과제빵사와 다른 점이 있나요?

김 우리가 한식을 배우는 경로를 생각해 보면 특별히 요리 교실에 다니지 않더라도 어머니나 할머니 세대로부터 배우기도 하잖아요. 빵도 그렇더라고요. 제가 아는 셰프 한 사람은 저와 동갑인데, 제 경력이 10년인 것에 반해 20년이 넘는 경력을 가지고 있었어요. 얘기를 들어보니 어려서부터 부모님께 제빵을 배우고 중학교를 졸업하고선 바로 부모님이 하시던 빵 만드는 일을 시작한 것이었죠.

외국에는 이 분과 같은 경우가 참 많아요. 중학교만 졸업하고 일을 시작해서 나이는 어리지만 오랜 경력을 가진 친구들이 많죠. 얼마 전에 독일에서 유학하고 온 분에게 관련된 얘기를 들었어요. 독일은 마이스터란 개념이 있어서 본인이 원하면 중학교 졸업 후 장인 밑에 도제로 들어가 일을 배우고 직업을 가질 수 있다는 거였죠. 우리나라는 빨라도 고등학교는 졸업한 후 일을 시작하는데, 외국의 경우 도제가 되어 일찍 세상을 경험하거나 가업을 물려받아 어린 나이에 바로 사회로 나가는 일이 꽤 많아요.

편 대우는 어떤가요?

김 사실 우리나라 건 외국이건 어떤 직장에 들어가느냐에 따라 대우는 천차만별이겠죠. 우리나라의 경우 일을 시작한 처음부터 좋은 대우를 받는 건 아니에요. 다른 많은 직업처럼 직급이 올라갈수록 대우도 좋아지죠. 경력을 쌓고 본인의 매장을 가진다면 돈을 많이 벌 수도 있겠고요. 그런데 다른 점은 우리나라의 경우 매장을 어느 정도 운영하면서 노하우가 생기면 분점을 내는 일이 많은데, 해외의 명장들은 자신의 매장 하나만 고수하는 일이 많더라고요. 저희와는 사고방식이 좀 달라요. 우리도 장인 개념이 있긴 하지만 하나의 직업군이라는 생각이 더 큰데, 외국은 장인의 개념이 강하죠. 그렇기 때문에 기술력에 대한 대우가 우리보다는 더 좋고요.

수요는 어느 정도인가요?

편 빵이 간식이나 부식이 아니라 주식으로 자리 잡고 있어요. 그런 흐름에 따라 제과제빵업이 확장되고 또 그만큼 일자리 수요도 증가한다는데, 어느 정도인가요?

김 여러분 주변을 둘러보세요. 전국에 수백 개의 지점을 둔 외식업계 빵집이 즐비하고, 웬만한 카페에서는 케이크와 과자, 빵들을 팔고 있죠. 맛있는 디저트와 빵을 먹으러 지방까지 내려가는 빵지순례라는 말이 생겨날 정도로 인기가 많은 데다, 말씀하신 대로 빵이 주식으로 자리 잡아 하루에 한 끼는 빵을 먹는 사람들도 많아요. 베이커리의 증가, 우리의 식생활에서 빵이 차지하는 비중이 느는 것 등 일련의 흐름을 생각하면 일자리 수요는 더욱 증가할 것으로 보여요.

　뿐만 아니라 대형마트나 백화점 등 지역 곳곳에 다양한 형태의 제과점이 들어서고 있죠. 여러 제품을 동시에 팔고 있는 기존의 제과점에서 탈피해 케이크 전문점, 초콜릿 전문점, 도넛 전문점, 파이 전문점처럼 제품 하나에 특화된 전문 업장도 많아지고 있고요. 또한 대기업 프랜차이즈와의 경쟁 열세로 인해 지속적으로 감소했

던 동네 빵집이 중소기업 적합 업종으로 지정된 이후 다시 증가하고 있죠. 이와 같은 다양한 형태의 제과점이나 창업의 증가는 제과 제빵사의 고용 및 창업에 긍정적인 요소가 될 거라 생각해요.

편 외식기업이 많은 만큼 개인이 차린 베이커리나 디저트 숍은 경쟁이 치열할 수도 있겠어요.

김 예전에는 집안 형편이 어려워 입 하나 덜기 위해 빵집에 취직하는 사람이 많았지만 요즘은 어떤가요? 대부분 제과제빵을 전문으로 배운 후 이 일을 시작하죠. 해외에서 유학까지 하고 온 사람도 꽤 되고요. 그런 분 중에는 마케팅에도 능한 사람이 많더라고요. 그러니 경쟁은 치열할 수밖에 없겠죠. 개인이 가게를 운영한다면 자신만의 아이템을 개발하고 독창적인 제품을 만들어야 살아남을 수 있어요.

편 요즘에는 SNS에 올리기 좋은 예쁜 디저트의 인기가 많더라고요.

김 개인이 운영하는 가게의 경우 홍보가 굉장히 중요한데, 이름을 알리는 데는 SNS만큼 효과적인 게 없잖아요. 인스타그램 같은 데서 주목을 받기 위해서는 시각적인 요소가 가장 중요하니까 예쁘게 만드는데 집중하는 거고요. 제품 자체뿐만 아니라 패키징에도 신경을 쓰죠. SNS에서 유명한 분 중에는 아내가 디자이너인 사람도 있고, 남편이 포토그래퍼나 마케팅 전문가인 사람도 있더라고요. 배우자의 제품 사진을 찍거나 홍보하는 등 부부가 서로의 일을 도우며 시너지 효과를 내는 것이죠.

미래에도 필요한 직업인가요?

편 미래에도 필요한 직업인가요?

김 서구화된 생활과 식습관으로 인해 쌀 소비량은 감소하는 반면, 빵 소비량은 지속적으로 늘고 있어요. 맞벌이 가정과 1인 가구의 증가로 인해 빵을 주식으로 하는 사람도 점점 늘고 있죠. 생활 수준이 향상되면서 공장에서 대량으로 구워낸 빵이 아닌 갓 구워낸 빵을 찾는 사람이나 색다른 디저트를 원하는 사람도 많아졌고요. 빵에 대한 수요가 계속 증가하는 것과 더불어 고객들의 입맛도 점점 까다로워지고 있는 것이죠. 깐깐하고 다양화된 고객의 입맛에 맞추기 위해선 기본적인 맛뿐만 아니라 개성도 필요한데요. 아무리 기계가 능해서 정확한 레시피대로 빵을 만들어낸다고 해도 독창적인 제품을 만들어내는 것은 불가능하겠죠. 수많은 사람의 다양한 기호에 맞추기 위해서는 독특한 아이디어와 인간의 세심한 손길이 반드시 필요하다고 생각해요.

앞으로 제과제빵 시장의 성장을 위해서는
어떤 점이 개선되어야 한다고 생각하세요?

편 앞으로 제과제빵 시장의 성장을 위해서는 어떤 점이 개선되어야 한다고 생각하세요?

김 가장 시급하게 개선되어야 할 점은 마케팅을 위한 과도한 연출이라고 생각해요. 사실 음식은 맛이 가장 중요한데요. 사진으로 찍었을 때 예쁜 것을 중요하게 생각하다 보니 맛보다는 시각적인 요소에만 신경 쓰는 사람이 있어요. 앞서 얘기했던 SNS를 통한 마케팅을 하기 위해 예쁜 것에만 집중하는 것이죠. 그렇게 시각적인 것만 강조하게 되면 아무래도 불필요한 색소도 많이 넣게 되고, 연출을 위한 조작도 하게 되거든요. 그런 식의 연출보다는 맛에 더 집중하는 제과제빵사가 많아졌으면 해요. 제가 학생들에게 늘 하는 얘기도 제품은 항상 균일하게 만들어야 하며 가장 중요한 것은 맛과 향이라는 거예요. 그게 기본이고 기본을 지켜야 제대로 된 제과제빵사라는 것이죠.

편. 인스타그램에서 유명한 곳이라고 해서 찾아가 먹어봤는데 기대에 못 미치는 가게가 많더라고요.

김. 일부러 멀리까지 찾아갔는데 맛이 별로라면 허탈하기도 하고 화도 나겠지만 중요한 건 다시는 그곳에 가지 않는다는 사실이죠. 인터넷을 통해 부정적인 리뷰를 달 수도 있고요. 잠깐 반짝이는 것이 아니라 지속적인 성장을 하고 싶다면 자신이 무엇에 더 집중해야 하는지 생각해 볼 필요가 있겠죠.

제과제빵사가
되는 방법

제과제빵사가 되려면
어떤 과정이 필요한가요?

편 제과제빵사가 되려면 어떤 과정이 필요한가요?

김 제과제빵사가 되는 과정에는 다양한 루트가 있어요. 예전에는 빵집에 도제로 들어가 선임들에게 일을 배우는 일이 많았지만 요즘엔 학교나 학원과 같은 기관에서 교육을 받고 기술을 습득하는 경우가 많죠. 예를 들면 제가 근무하고 있는 전문대학이나 대학의 제과제빵 및 조리 관련 학과에 입학해 체계적인 교육을 받은 후 자격증을 취득하거나 대회에 나가는 거예요. 제과제빵학원이나 한국제과학교 등에서 기술을 배워 자격증을 취득하는 방법도 있죠. 문화센터나 복지센터에서 기술을 배울 수도 있고요. 또는 외국으로 유학을 가서 그 나라의 전통 기술을 배워오는 경우도 있어요. 제과제빵을 배울 수 있는 경로가 다양한 만큼 각자 자신의 상황에 맞는 과정을 선택하면 될 거예요.

편 혼자서 기술을 습득하는 것도 가능한가요?

김 간혹 독학을 하는 분들도 있는데요. 그런 분들을 보면 안타까운 점이 몇 가지 있어요. 번뜩이는 창의적 요소는 가지고 있지만 그걸 다양하게 응용하는 능력은 좀 부족해 보이기도 하죠. 제가 당연하게 생각한 것들을 새로운 눈으로 바라보는 점은 부럽기까지 하지만 기본기가 좀 덜 갖추어져 있고요. 간혹 화려한 디저트는 잘 만들면서 정작 기본이 되는 둥글리기도 제대로 못 하는 분들이 있더라고요. 대회나 시험의 감독을 하다 보면 집에서 사용하던 핸드 믹서기에 익숙해져서 대형 믹서기를 잘 다루지 못하는 분들도 있고요. 특별한 제품도 좋지만 좀 더 탄탄하고 높은 퀼리티의 제품을 만들기 위해서는 기본기를 갖추는 것이 중요해요. 독학을 하고 싶다면 그런 점에 유념했으면 해요.

제과제빵사가 되려면
자격증이 있어야 하나요?

편 제과제빵사가 되려면 자격증이 있어야 하나요?

김 제과제빵사가 되기 위해 자격증이 반드시 필요한 것은 아니에요. 하지만 많은 분이 다양한 교육기관에서 제과제빵 기술을 습득한 후 자격증을 취득하고 있죠. 자격시험을 준비하며 실력을 쌓을 수도 있고 나중에 취업할 때 유리하기도 하니까요. 제과제빵과 관련한 국가기술자격증으로는 제과기능사와 제빵기능사, 제과제빵기능장 이렇게 세 가지가 있어요.

앞에 두 가지는 관련 업계 종사 경력이 필요 없지만 제과제빵기능장은 기능사 자격이 있는 경우 현업에서 일한 경력이 7년 이상되어야 응시가 가능하죠. 만약 기능사 자격이 없다면 현업에서 10년 이상 일한 경력이 증빙돼야 기능장 시험에 응시할 수 있고요. 현재 기능장은 대략 1,200명 가까이 되는데요. 기능장은 최고급 수준의 숙련기능을 가진 사람이라는 인식이 있는 만큼 고객들은 그들이 만든 제품을 더 신뢰하게 되죠. 제과제빵기능장 시험은 7~8시간 내에 시험의 주제에 맞춰 빵과 제과 제품을 만드는 것으로 치러

지며, 최근 들어 난이도는 더 높아졌다고 해요.

편　기능사 자격시험에 대해서도 알려주세요.

김　제과기능사와 제빵기능사는 식생활 변화 등으로 제과제빵에 대한 소비가 늘어남에 따라 제과와 제빵에 관한 숙련기능을 가지고 관련된 업무를 수행할 수 있는 능력을 가진 전문기능인을 양성하기 위해 제정된 국가기술자격이에요. 둘 다 응시 자격에는 제한이 없으며 과자류 및 빵류의 재료와 제조, 위생관리에 관한 필기시험과 제과 실무 또는 제빵 실무에 관한 실기시험으로 구성되어 있죠. 100점을 만점으로 하여 60점 이상이 되면 합격이고요. 최근 제과기능사의 합격률을 보면 필기시험이 34.7퍼센트, 실기시험이 34.8퍼센트이고, 제빵기능사의 경우 필기시험이 31.4퍼센트, 실기시험이 41.3퍼센트예요.

편　필기시험에 합격하기 위해서는 어떤 준비를 해야 할까요?

김　필기시험의 경우 과자류 또는 빵류의 재료와 제조, 위생관리 과목이 출제되고 있어요. 좀 더 세부 출제 영역을 보면 재료 준비와 계량, 반죽과 반죽 관리, 충전물, 토핑물 제조, 팬닝, 반죽 익히기, 개인위생 관리 등 다양한 내용으로 이루어져 있죠. 필기시험에 합

Job
Propose 48

격하기 위해서는 출제 범위 내의 이론 학습이 선행되어야 해요. 이론의 핵심 내용을 잘 살피고 공부한 후에는 지난해 기출문제집 등을 통해 문제를 여러 번 풀어보는 것이 좋겠고요. 문제를 풀 때는 틀린 문제에 대한 해설을 꼼꼼히 읽어보고 내용을 정확하게 이해하는 것이 필요해요.

🔲 실기시험은 어떤 식으로 진행되나요?

🔲 실기시험은 작업형으로 진행돼요. 말 그대로 직접 빵이나 과자를 만드는 작업의 진행 과정과 결과물을 평가하는 시험이란 거죠. 예전에는 제빵기능사나 제과기능사나 각각 24가지의 품목 중에서 과제가 출제되었는데, 현재는 좀 줄어서 20가지 품목 중에서 한 가지가 랜덤으로 출제되고 있어요. 각 품목마다 만드는 순서가 다르니 준비하는 과정이 만만치는 않죠. 그러나 꾸준히 연습하면 정확한 레시피대로 만들 수 있으니 너무 걱정할 필요는 없어요. 제빵의 경우 가장 까다로운 작업은 프랑스빵과 페이스트리예요. 화과자와 만주도 잘못 만지면 다 터져버려 만들기가 쉽지 않은데 품목이 줄면서 빠지게 되었죠. 제과 부분에서는 마카롱 작업이 좀 까다로워요. 날씨가 안 좋거나 수분을 잘 날리지 못하면 망가지는 일이 많아 정해진 시간 내에 완성하지 못할 수도 있거든요.

평가 기준을 보면 먼저 전반적인 외관의 형태를 봐요. 부피와 외부 균형, 색깔 세 가지로 나눠 체크하죠. 예를 들어 식빵은 발효됐을 때와 빵이 다 만들어진 시점에서의 부피가 다른데 그게 적합한지 보고, 중앙을 잘라 균형이 잘 잡혀있는지 보고, 표면이 황금갈색이 되었는지 보는 거예요. 네 번째는 내상이라고 해서 제품의 안쪽도 보는데, 빵 같은 경우 단면을 잘라서 기공이 얼마나 적합하게 분포되어 있는지 체크해요. 보통 식빵의 경우 100을 기준으로 40퍼센트의 공기를 품고 있어야 폭신폭신한 질감을 느낄 수 있는데 그런 식으로 조직이 각 제품에 가장 적합한 상태인지를 확인하는 거예요. 마지막 기준은 가장 중요한 맛과 향이고요. 정리하면 제품의 부피, 외부 균형, 색깔, 내상, 맛과 향 이렇게 다섯 가지 포인트를 기준으로 평가하고 있죠.

편 자격증을 취득하려면 꼭 학원에 다녀야 하나요?

김 굳이 학원에 다닐 필요는 없어요. 독학으로 자격을 취득하는 분도 꽤 봤거든요. 학원이 반드시 필요한 건 아니지만 사람들이 학원에 다니는 이유는 짧은 시간 안에 빨리 그리고 체계적으로 기술을 습득할 수 있기 때문이에요. 좀 더 단기간에 자격증을 취득하고 싶다면 학원에 다니는 게 좋은 방법이죠.

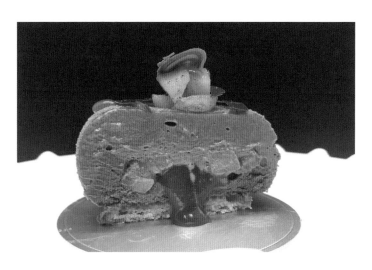

편 자격증이 없으면 개업이나 취업을 하는데 지장이 있나요?

김 아니요. 자격증 없이도 가게를 열 수 있고 취업도 할 수 있어요. 그렇지만 자격이 없으면 취업을 하는데 불리하게 작용할 수 있고, 홈 베이킹만 해봐서 기본기가 탄탄하지 않은 분들은 개업을 해도 오래가지 못하는 경우가 많더라고요. 자격증 공부를 하면서 또는 학교에서 제과제빵을 배우면서 기본부터 하나하나 배워나간 사람과는 확실히 다르거든요.

청소년기부터 제과제빵을 배우고
준비하는 것이 도움이 될까요?

편 청소년기부터 제과제빵을 배우고 준비하는 것이 도움이 될까요?

김 그럼요. 일찍 시작한다면 그만큼 남들보다 빨리 출발선에 서는 거잖아요. 청소년기는 두뇌의 활동도 빠른 때이지만 체력적으로도 가장 왕성한 시기여서 새로운 걸 배우고 익히는데 더 수월하고요. 남들보다 더 많은 지식과 기술과 습득할 수 있고, 전문가적 자질을 갖추기까지의 시간도 단축할 수 있으니 청소년기부터 제과제빵을 배우는 것은 분명 도움이 된다고 생각해요.

편 특성화고등학교에 입학하는 건 어떤가요?

김 특성화고등학교에 들어가는 것도 좋은 방법이죠. 자신이 앞으로 하고 싶은 일, 진로에 대한 생각이 확고하다면 그 꿈에 더 빨리 다가갈 수 있으니 시간을 단축할 수 있잖아요. 비슷한 학생들이 모여 있기 때문에 서로 경쟁하면서 더욱 크게 성장할 수도 있겠고요. 저도 그런 학생들을 대상으로 위탁 교육을 한 적이 있는데요. 다른 사람들보다 빨리 시작해서 더 많이 배우고 익히기 때문인지 이런 친구들 중에 청소년 국가대표가 나오기도 하더라고요.

편 제과제빵 분야의 특성화고등학교가 많이 있나요?

김 제과제빵을 배울 수 있는 특성화고등학교는 조리과학고등학교와 생명과학고등학교인데 찾아보면 생각보다 많아요. 제과제빵 기술이 뛰어난 선생님이 계신 유명한 학교들도 꽤 있고요.

편 관련 고등학교를 졸업한 학생과 그렇지 않은 학생은 차이가 좀 있겠네요.

김 일단 마음가짐이 다르고, 기술력과 손놀림에 많은 차이가 있죠. 하지만 그런 학생들을 가르치다 보면 가끔 당황스러울 때가 있어요. 대학에서는 처음 배우는 학생들을 고려해 가장 기본적인 것부터 가르치는데요. 관련 고등학교를 졸업한 학생 중 일부는 이미 한 번 만들어 봤고 다 아는 내용인데 왜 또 이런 걸 해야 하는지 모르겠다고 해요. 자신은 이제 응용하는 걸 배우기 위해 대학에 왔는데 여기서 또 기초를 배워야 하는 거냐며 불만을 터뜨리기도 하죠. 전에 만들어봤고, 남들보다 먼저 시작했다고 해서 모두 잘하는 건 아니에요. 기본기가 확실히 잡힌 것도 아니고요. 동경제과제빵학원처럼 유명한 곳에 가도 첫 학기엔 가장 기본적인 것부터 가르치죠. 저는 그런 학생들에게 먼저 겪었다는 건 익숙하다는 뜻이지 그게 무조건 잘한다는 뜻은 아니라는 얘기를 해줘요. 그러면서 기본부터 다시 하나하나 잡아주죠.

유리한 전공이 있나요?

유리한 전공이 있나요?

김 제과제빵학이나 호텔조리학, 식품영양학 등을 전공하면 유리한 면이 있죠. 4년제 대학에는 제과제빵 관련 학과가 없기 때문에 제과제빵을 전공하고 싶다면 전문대학을 알아봐야 해요. 전문대학의 경우 4년제 대학에 비해 보다 짧은 시간 안에 기술을 습득해서 사회로 나갈 수 있죠. 앞서 얘기한 학과를 이수하게 되면 제과제빵을 체계적이고 전문적으로 공부하며 기술을 익힐 수 있는 것 외에도 몇 가지 장점이 더 있어요. 우선 제과제빵 대회 참여를 희망하는 학생들을 위해 대회 전담반을 운영하는 학교도 있는데요. 각 대회의 특성에 맞는 지도를 해주다 보니 출전을 하게 되면 수상하는 경우가 많아 경력을 쌓는 데도 도움이 되죠. 자격증을 위한 특강도 실시하는데 교수가 직접 강의를 하고 학생들이 실습할 때면 세심하게 지도해 주기 때문에 합격률도 높고요.

편 관련 학과에 입학하려면 어떤 준비를 해야 할까요?

김 학원이나 특성화고등학교에 다니면서 제과제빵에 대해 배우

는 것도 도움이 되겠죠. 그런 여건이 안 된다면 홈 베이킹이라도 해 보면서 빵과 과자에 대해 익숙해지면 좋을 것 같고요. 저 같은 경우 입학한 학생들의 전체적인 수준을 체크한 후 거기에 맞춰 커리큘럼의 난이도를 수정하고 있어요. 기본적으로는 같은 과목을 가르치더라도 그해의 학생 수준에 따라 난이도를 조금씩 상향 조정하거나 하향 조정하는 거죠. 예를 들어 대부분의 학생이 학원이나 특성화고등학교에서 기본기를 배운 상태라면 좀 더 수월하게 따라올 수 있기 때문에 약간 상향 조정하는 거예요. 반대의 경우라면 학생들이 쉽게 이해할 수 있도록 다소 하향 조정하고요.

편 대학 입학 전형에 대해서도 알려주세요.

김 대학마다 전형이 조금씩 다르기 때문에 각자 원하는 대학의 홈페이지 등을 통해 구체적인 입시 요강에 대해 알아볼 필요가 있어요. 보통은 실기시험 없이 학생들을 선발하며, 대회 수상 경력이나 자격증이 가산점이 되기도 하죠.

대학에서는 어떤 교육이 이뤄지나요?

편 대학에서는 어떤 교육이 이뤄지나요? 교육과정이나 수업방식이 궁금해요.

김 저희 학교의 경우 전문대학이기 때문에 1, 2학년으로 나눠 제과제빵의 기초와 응용 교육을 하고 있어요. 제가 맡은 과목은 기초 제과 제빵 실무와 고급 제과 현장 실무, 베이커리 개발 실무인데요. 입학 후에는 먼저 기초를 다질 수 있는 기본기를 가르치고, 이후에는 혼자서도 제품을 개발할 수 있도록 다양한 응용 교육을 하고 있죠. 기능사 자격증이 없는 친구들을 위해 자격증 특강반을 만들어 강의를 하기도 하고요.

수업 방식을 보면 이론과 실습을 통합해서 가르치고 있는데, 실습이 훨씬 더 많은 비중을 차지하고 있어요. 기본 이론 교육과 더불어 응용했을 때 어떻게 달라지는지 실제 실습을 해보면서 차이점을 알아가는 방식으로 진행하고 있죠. 제 수업에선 학생들의 실습이 끝나면 1조부터 10조까지의 결과물을 쭉 늘어놓고 분석하는 시간을 가져요. 예를 들어 결과물의 부피가 낮다면 왜 이런 상태가 되었는지 생각해 보고, 어떻게 보완해야 할지 고민해 보는 것이에요. 이런 과정이 단시간 내에 실력을 향상시킬 수 있는 좋은 방법이라고 보기 때문에 이 과정을 중요하게 생각하죠.

 대학에서의 실무 경험이 취업 후에 많은 도움이 되나요?

그럼요. 실습 경험이 많을수록 실제 현장에서 더 빨리 일을 습득할 수 있거든요. 조리 공간에서는 여러 가지 문제 상황이 발생하곤 하는데 다양한 학습의 경험은 문제점을 파악하고, 또 그 문제점을 빨리 해결하는 데 도움이 되고요.

유학이 필요한가요?

편 유학이 필요한가요?

김 사실 현장에서는 유학을 갔다 온 경험이 특별히 플러스 요인이 되진 않아요. 다른 직업군 중에는 유학이 경력으로 인정되어 연봉 협상에 유리하게 작용하기도 하지만 제과제빵사의 경우 연봉을 더 높게 책정해 주지도 않고요. 저희 일은 학력이나 유학 여부에 따라 대우에 차이를 두는 직업이 아니거든요. 그런 점에서 볼 때 굉장히 미안한 말이지만 냉정하게 얘기하면 자기만족이고 자기 성취욕인 거죠. 스스로 학습에 대한 만족도를 높이기 위해 유학을 선택하는 것이지 반드시 필요한 것은 아니란 뜻이에요. 오히려 유학 기간이 길어질 경우 우리나라에 와서 적응하는 데 어려움을 겪기도 하고, 자신의 노력이 그만큼 대우를 받지 못한다는 생각에 다시 외국으로 가는 경우도 많죠.

제과제빵사가 되기 위해 청소년기부터 준비할 수 있는 것은 무엇일까요?

편 제과제빵사가 되기 위해 청소년기부터 준비할 수 있는 것은 무엇일까요?

김 제과제빵기능사 자격증의 경우 취득하는데 나이 제한이 없기 때문에 본인이 원하면 언제든 딸 수 있는데요. 저는 청소년기에 굳이 일찍부터 자격증을 따기 위해 공부하라는 말을 하고 싶진 않아요. 이런 생각이 더욱 확고해진 계기가 있어 소개하고 싶네요. 전에 진로와 관련된 멘토링을 해달라는 학생이 있었어요. 중학생이었는데 조리와 관련된 모든 자격증을 가지고 있었죠. 이 친구의 부모님이 교사였는데 요리 신동을 만들고 싶다는 생각이 커서 일찍부터 교육을 시켰나 봐요. 그 결과 어린 나이임에도 불구하고 벌써 많이 지쳐 있더라고요. 압박감으로 인한 스트레스도 많아서 얘기를 나누는 내내 안타까웠죠.

이 친구처럼 너무 일찍 시작하는 것은 정신적 피로와 무기력증을 가져올 수도 있고, 자격증 취득이라는 목표가 부담으로 다가올 수도 있으니 처음엔 그냥 즐겼으면 좋겠어요. 청소년이라는 나이에 맞게 인스타그램과 유튜브 등을 활용해 시각적인 경험을 하거나, 카페쇼 또는 베이커리쇼와 같은 전시회나 박람회에 가서 좀 더 다양한 제품들과 만나보는 것을 추천해요. 평소라면 여러 제품을 먹어보고 관련 도서를 읽으면서 관심과 흥미를 잃지 않는 정도면 충분할 거라 생각하고요. 그렇게 꾸준히 흥미를 유지하는 게 중요하지 하루라도 빨리 기술을 익히는 게 필요하다고 보진 않아요. 물론 자신이 꼭 원한다면 학원에 다니면서 자격증 하나 따 놓는 것 정도는 괜찮지만요.

편. 준비하는 과정에서 가졌던 마음가짐이나 특별했던 자신만의 공부 방법이 있나요?

김. 목표한 바를 이루기 위해 우선순위를 정해두고 순위에 따라 시급하고 중요한 일을 먼저 또는 시간을 들여 처리했어요. 또 하나는 한번 실수한 건 다시 실수하지 않기 위한 노력이었죠. 예를 들어 오늘 어떤 제품을 만들었는데 한 부분에서 실수를 했다면 부주의했던 부분과 그걸 보완하기 위해 어떤 일을 했는지 메모를 해두는 거예요. 그렇게 정리하고 나면 같은 실수를 반복하지 않을 수 있었고, 그걸 차곡차곡 쌓아 저만의 포트폴리오도 만들 수 있었죠.

강의를 할 때면 학생들에게도 늘 실습 일지 쓰기를 권해요. 열장을 쓰고 백 장을 쓰는 게 중요한 게 아니라 한 장을 쓰더라도 나만의 방법으로 써야 한다는 얘기도 하죠. 레시피를 조목조목 나열하는 건 사실 큰 소용이 없거든요. 조리 과정은 어디서든 찾을 수 있으니까요. 중요한 건 실수나 아이디어 등의 메모를 꼼꼼히 해서 나만을 위한 일지를 만들고 그걸 바탕으로 사람들과 상의하는 것이죠. 처음엔 왜 이 제품에 문제가 생겼는지 본인 스스로 생각해 보고 이후에 다른 사람들과 상의하며 피드백을 받아본 후 모든 걸 종합해 다시 고민하다 보면 실수도 줄고 어느새 자신만의 포트폴리오가 만들어져요. 메모의 습관화와 자신만의 포트폴리오 만들기, 그게 바로 제 공부 방법이었고 학생들에게도 추천하는 방법이죠.

외국어를 잘해야 하나요?

편 외국어를 잘해야 하나요?

김 제과제빵은 외국에서 시작된 분야라 관련 용어를 보면 외국어로 된 경우가 많아요. 저도 수업을 할 때면 기본적으론 한국어로 얘기하지만 상황에 따라 불어나 영어, 일본어 등으로 설명을 하죠. 현장에 나가 일을 하게 되어도 원래의 용어로 이야기하지 그걸 한국어로 바꿔 얘기하진 않고요. 그러니 다양한 외국어에 익숙하다면 어느 정도 도움이 되겠죠. 최근엔 해외에 취업하는 친구들이 많은데, 그런 경우라면 외국어는 반드시 필요하고요. 언어에 익숙하지 않아 1년 만에 다시 돌아오는 사람이 많거든요. 설거지만 하더라도 혹은 반죽만 하더라도 고용주는 그 나라의 언어에 능한 사람을 선호하지 말이 통하지 않는 사람은 좋아하지 않죠. 외국어 특히 영어는 필수라 공부해 두는 게 좋아요.

편 해외에 취업하는 학생들이 많은가요?

김 해외 취업을 하는 학생도 꽤 있죠. 저희 학교의 경우 지금은 코로나19로 인해 시행하고 있지 않지만 그전에만 해도 1년에 2~3명씩 무료 해외연수를 보내줬어요. 연수를 하고 난 후 해외 현장에 실습까지 나갈 수 있도록 주선해 줬고요. 제자들 중에 그런 경험을 한 학생들이 해외에 취업하는 경우가 많았죠.

편 주로 어느 나라로 가나요?

김 미국이나 캐나다 쪽으로 많이 가고, 괌이나 동남아 쪽으로도 꽤 가요. 파리바게뜨는 프랑스와 캐나다 등지에도 분점이 있어서 그런 나라로 가기도 하고요.

어떤 자질을 갖추어야 하나요?

편 어떤 자질을 갖추어야 하나요?

김 가장 중요한 자질은 빵과 과자에 대한 호기심이에요. 더 나은 제품을 만들기 위해 흥미를 가지고 계속 탐구할 수 있는 사람이어야 한단 뜻이죠. 맛있는 제품을 만들 수 있는 예민한 미각과 아름다운 제품을 만들 수 있는 미적 감각도 갖추면 좋아요. 거기에 새로운 빵과 과자를 개발할 수 있는 창의력도 있어야겠죠. 장시간 서서 작업하기 때문에 체력과 인내심도 필요하고, 정교한 손놀림이나 꼼꼼함을 갖추는 것도 유리하겠고요.

편 이 분야에 적성이 맞는지 알 수 있는 좋은 방법이 있을까요?

김 내가 이 일에 얼마나 관심이 있는지 그걸 체크해 보면 알 수 있을 거예요. 관심도가 큰 친구들은 제품 하나를 먹어도 많이 또 깊이 생각하죠. 혼자 생각하다 안되면 저에게 와서 어떤 빵을 먹었는데 무슨 재료가 들어가는지 너무 궁금하다, 어떻게 이런 맛을 냈는지 통 알 수가 없어 계속 생각했다는 얘기를 해요. 질문도 하고 스스로 공부도 하면서 해답을 찾아내고야 마는 학생들을 보면 이렇게 관

심과 흥미가 많은 친구는 오래가겠다는 생각이 들죠. 실제로도 그
이후의 행보를 보면 그렇고요.

경쟁력을 갖추려면
어떤 준비를 하는 게 좋을까요?

편 경쟁력을 갖추려면 어떤 준비를 하는 게 좋을까요?

김 자신만의 경쟁력을 갖추기 위해서는 테크닉이 기본이 되어야 하지만 번뜩이는 창의력도 필요해요. 많이 배우면 그만큼 틀에 갇히기 쉬운데요. 젊은 학생들에겐 그 틀을 깰 수 있는 창의력이 충분히 있다고 생각해요. 다소 부족하다면 개발도 가능하고요. 브레인스토밍, 브레인라이팅, 문제 해결 아이디어 찾기 등 방법은 많은데 가장 쉽게 시작할 수 있는 건 이런 거예요. 우선 작은 관심이 창의력을 깨우기 때문에 흥미로운 주제가 생기면 영상을 찾아보면서 시각적 경험의 기회를 늘려보는 거죠. 독서를 할 때도 관련 분야의 책뿐만 아니라 다양한 장르를 읽으면서 사고의 유연성을 기르고요. 그런 식으로 창의력을 깨우고 기술을 익혀 나간다면 분명 경쟁력 있는 사람이 될 거라 믿어요.

각종 제과제빵 대회에 나가는 것도 추천해요. 취업을 할 때도 도움이 되지만 나중에 취업을 한 이후에는 일에 쫓겨 대회에 나갈 생각조차 하기 어렵거든요. 학생들에게 자주 하는 얘기도 이런 거

예요. 지금이 대회에 나갈 수 있는 마지막 기회일지도 모른다, 이 시기야말로 너희가 원하는 독창적인 제품을 만들 수 있는 때이다, 더 나은 제품을 만들 수 있도록 도움을 줄 교수도 있다, 게다가 재료비도 지원해 준다. 대회에 한번 출전하려면 재료비만 거의 50만 원에 원서비도 9만 원이라 적지 않은 비용이 필요한데, 저희 학교의 경우 도립이라 재료비를 지원해 주거든요. 나이가 들수록 꿈을 펼칠 수 있는 기회가 점점 줄기 때문에 가능하면 무조건 나가서 경험을 쌓아보라고 얘기하며 대회 참여를 독려하고 있죠.

편 대회는 어떤 식으로 진행되나요?

김 학생들이 많이 참여하는 대회는 라이브 경연이나 전시 제품 만들기예요. 라이브 경연은 출전한 학생들이 현장에서 제품을 만드는 경연을 하며 우승자를 가리는 방식으로 진행되죠. 전시 제품 만들기의 경우 우선 도안을 짜고 거기에 맞춰 포뮬러를 만든 후 작품을 제작해 제출하는 방식이고요.

어떤 성격을 가진 사람들이 적합한가요?

편 어떤 성격을 가진 사람들이 적합한가요?

김 이 일은 혼자서는 할 수 없기 때문에 팀워크가 매우 중요해요. 본인의 능력을 개발하고 실력을 쌓는 노력도 필요하지만 일할 때는 상대방을 배려하며 팀에 잘 융화될 수 있는 사람이어야 한단 거죠. 어디서든 어떤 사람과든 편하게 어울리는 성격이라면 공동의 목표를 위해 팀원들과 협력하며 원만하게 지낼 수 있을 것 같아요. 더불어 기본 실력을 갖추기 위해서나 오래도록 연구하며 일할 수 있도록 끈기를 가지고 성실하게 공부하는 자세도 중요해요. 제과제빵이란 게 정확한 계량을 필요로 하는 만큼 꼼꼼함도 필요하고요.

편 그렇다면 제과제빵사에 적합하지 않은 성격도 있을까요?

김 다른 모든 일에서도 마찬가지겠지만 책임감 없는 사람은 이 일에 적합하지 않아요. 놀 땐 신나게 놀고 일할 때는 또 최선을 다해 일해야 하잖아요. 그런데 개중에 노는 걸 너무 좋아해서 일에도 지장을 주는 사람이 있어요. 다음 날 일이 있는데도 나 몰라라 하거나 남들에게 작업을 미루는 걸 쉽게 생각하는 사람, 그렇게 책임감 없는 친구들은 팀워크가 중요한 이 일에 걸맞지 않죠.

Job

제과제빵사로 성공하기 위한
팁이 있다면 알려주세요.

편 제과제빵사로 성공하기 위한 팁이 있다면 알려주세요.

김 이건 모든 분야가 다 같지 않을까 싶어요. 본인이 원하는 것에 관심을 가지고 성실하고 끈기 있게 계속 노력하는 것이죠. 최선을 다해 꾸준히 노력하는 사람은 어떤 분야에서건 잘될 수밖에 없잖아요. 더불어 제과제빵사로 성공하기 위해선 이 직업에 대한 자긍심을 기르는 것도 중요해요. 내가 하는 일에 만족감을 느끼고 자랑스러운 마음을 가질 수 있다면 분명 누구보다 열심히 연구하고 새로운 것을 향해 나아갈 테니까요. 실제로도 주변의 성공한 분들을 보면 자신의 일을 사랑하고 자랑스러워하며 즐기고 있더라고요. 빵과 과자 만드는 일 자체에서 큰 행복감을 느끼는 분들이라 더 열심히 할 수밖에 없는 거겠죠.

제과제빵사가
되면

연봉은 어느 정도인가요?

편 연봉은 어느 정도인가요?

김 보다 정확한 내용을 알려드리기 위해 통계를 찾아봤는데요. 2019년 연봉을 보면 하위 25퍼센트가 2,474만 원이고, 평균 50퍼센트는 2,850만 원, 상위 25퍼센트는 3,521만 원이에요. SPC나 대기업의 경우 초봉이 3,300~3,500만 원 정도지만 일반 베이커리에 취업하게 되면 평균 200만 원 정도의 월 급여를 받게 되죠. 가장 최근에 취업을 시킨 한 제자의 경우 4대보험 보장에 월 급여가 220만 원이었어요. 그 정도면 이 분야에서 나름 괜찮은 출발이라고 생각해요. 사실 처음엔 그리 높지 않은 금액으로 시작하지만 본인이 경력을 쌓는 만큼 연봉은 계속해서 상승하거든요. 물론 일하는 곳의 형태나 규모에 따라 차이가 있겠지만 대게는 연차에 따라 급여가 올라가죠.

직급 체계가 있나요?

편 직급 체계가 있나요?

김 그럼요. 직급 체계가 있죠. 제과제빵 전문점에는 카페형, 키친형, 베이커리형 등 다양한 형태가 있는데, 각 형태에 따라 직급이 조금씩 달라요. 예를 들어 베이커리의 경우 사원, 매니저, 부점장, 점장 순으로 직급이 올라가고 사원이 되기 전에 비정규직인 인턴 사원을 거치기도 하죠. 만약 생산직으로 들어가게 된다면 사원부터 시작해서 주임, 대리, 과장, 부장 순으로 직급이 올라가고요.

근무 시간은 어떻게 되나요?

편. 근무 시간은 어떻게 되나요?

김. 현재 정해진 근무 시간은 하루 여덟 시간에 주 5일제 근무죠. 학생들에게도 노동고용계약서를 쓸 때 이러한 법정근로시간에 맞춰 계약을 하고 일하라고 얘기하고 있는데요. 현실에서는 정확하게 그 시간을 지키기 어렵기 때문에 협의를 통해 더 일할 수는 있지만 그에 따른 수당도 반드시 받으라고 알려주고 있죠. 보통 대형 제과점은 오전 7시에 출근해서 오후 4시에 퇴근해요. 소형 제과점의 경우엔 매장 사정에 따라 오후 6~7시까지 일하기도 하죠. 오픈 조와 마감 조, 중간 조가 나뉘어 있는 곳은 속한 조에 따라 오전 또는 오후에 출근하고 있고요. 이런 식으로 근무가 시작하고 끝나는 시간은 매장의 형태에 따라 조금씩 달라져요.

편. 어떤 식으로 조를 나누나요?

김. 디저트를 만드는 사람이라면 굳이 오전에 나올 필요가 없으니 중간 조에 들어가겠죠. 그런 식으로 빵이나 케이크, 디저트가 나오는 시간에 따라 근무 조가 형성되고 있어요. 다만 근무 조 역시 일하는 매장의 형태에 따라 달라질 수 있어요.

편 휴일에도 일하나요?

김 매장의 형태나 운영 체계에 따라 조금씩 다르긴 하지만 보통은 주말에 일하고 대신 주중에 쉬는 경우가 많아요. 업종 특성상 평일보다는 주말에 손님이 훨씬 많으니까요. 하지만 직원이 여럿이라면 교대로 휴일 근무를 하기도 하죠.

근무 여건은 어떤가요?

편 근무 여건은 어떤가요?

김 근무 여건 역시 매장이나 업체의 형태에 따라 천차만별이에요. 프랜차이즈 베이커리인지 개인이 운영하는 빵집이나 호텔의 제과부, 대기업의 제과제빵 부서인지에 따라 여건이나 환경이 매우 열악한 곳도 있고, 숙식이 제공되며 다양한 복지 제도를 운영하는 곳도 있죠.

편 사무실의 환경이나 분위기는 어떤가요?

김 업체마다 달라요. 예를 들어 프랜차이즈 업체는 대량생산 체제라 동네 빵집보다는 작업 공간이 넓어서 환경 자체는 양호한 편이죠. 반면 대형 또는 소형 제과점은 각종 기기에서 발생하는 열로 인해 여름에 무척 더워서 작업 환경이 그리 좋은 편은 아니에요. 하지만 최근 들어 프랜차이즈 업체 못지않은 쾌적한 근무 환경을 갖춘 제과점이 많이 생기는 추세죠.

분위기를 보면 젊은 친구들이 많이 일하는 곳은 아무래도 좀 더 가볍고 밝은 편이에요. 연령대가 좀 있는 분들이 있으면 위계질서가 강하게 잡혀있는 곳이 많고요. 학생들도 그런 걸 알아서 취업 때면 분위기가 좋은 곳으로 보내달란 얘기를 종종 해요. 그럼 현장 실태 조사를 나가서 환경이나 분위기도 꼼꼼하게 살피는데요. 사람이란 게 교수를 대할 때와 학생들을 대할 때 달라지기도 해서 완전히 파악하기는 어려워요. 또 사람마다 체감하는 느낌이나 농도가 다르기 때문에 직접 겪어봐야 정확히 알 수 있죠.

노동 강도는 어느 정도인가요?

편 노동 강도는 어느 정도인가요?

김 이 일은 현장직이자 생산직이고 서비스직이기 때문에 다른 직업군에 비해 노동 강도가 비교적 센 편이에요. 작업할 때는 계속 서 있어야 해서 체력적인 소모도 많고요. 처음엔 서서 일하는 게 무척 힘들어서 세 시간 서 있기도 어려웠는데요. 습관이 되어 이제는 열두 시간 서 있는 것도 가능하게 되었네요.

직업병이 있나요?

편. 직업병이 있나요?

김. 앞서 얘기한 대로 서서 일하는 시간이 많아 하지정맥류나 족저근막염에 걸리기 쉬워요. 제품을 대량으로 제작하다 건초염에 걸리는 일도 있죠. 고객을 대해야 하는 서비스 직종이기도 해서 사람들을 응대하면서 정신적인 스트레스를 받는 경우도 있고요. 이러한 신체적 질병 외에도 매장을 운영하면서 생긴 직업병이 있어요. 음식을 만드는 곳은 위생과 청결이 무엇보다 중요한 요소잖아요. 늘 주변 환경을 점검하고 정리하고 깔끔하게 만드는데 엄청난 신경을 쓰다 보니 다른 매장에 가도 더러운 게 보이면 어느새 그걸 닦고 있더라고요. 동종 업계의 다른 분들도 위생과 청결만큼은 확실하게 해야 한다는 생각이라 저와 비슷한 사람이 많죠.

정년은 언제까지인가요?

▣ 정년은 언제까지인가요?

▣ 기술을 가진 전문 직종이기 때문에 정년은 따로 없어요. 자신이 원하면 언제까지고 일할 수 있죠. 하지만 체력 소모가 많은 직업군이라 현장에서 오래도록 일하기는 쉽지 않아요. 보통은 50대 중반이 넘으면 현장을 떠나 기술 지도를 하거나 저처럼 교수가 되어 후학을 양성하는 경우가 많죠.

제과제빵사로서 가장
기억에 남는 순간은 언제였나요?

편 제과제빵사로서 가장 기억에 남는 순간은 언제였나요?

김 처음 빵 만드는 법을 배우면서 밀가루를 반죽하던 순간, 반죽이 오븐에서 구워져 나와 형태를 갖추게 된 순간이야말로 무엇보다 가장 기억에 남는 순간이죠. 당시에 만든 빵을 주변 지인들에게 나눠주면서 반응을 살폈어요. 맛은 있는지, 어떤 점이 마음에 드는지, 부족한 점은 무엇인지 조언을 들으며 제 가슴은 더 맛있는 빵을 만들겠다는 포부로 가득 찼죠. 제가 만든 제품을 처음으로 매장에 내놨던 때도 떠오르네요. 고객들이 제 제품을 어떻게 평가할까, 잘 팔리고 있을까, 사간 사람들이 맛있다고 느낄까 하는 생각에 계속 마음을 졸였었죠.

그 이후에 초콜릿 제작을 시작했을 때 카카오 연구소와 말레이시아에 있는 카카오 농장에 간 적이 있어요. 트럭을 타고 목적지를 향해 가는데 카카오나무가 60만 평이나 되는 광활한 대지를 가득 채우고 있었죠. 이 열매로 아름답고 맛있는 초콜릿 만들 생각을 하니 가슴이 떨리면서 행복감이 차올랐어요. 그 시간도 제겐 잊지 못할 순간이죠. 좋은 순간들만 기억에 남는 건 아니에요. 크루아상을 처음 만들었을 때 결을 잘 살리지 못해서 선배들에게 혹평을 받은 적이 있어요. 이걸 어떻게 손님에게 팔 생각을 했느냐, 네가 만족하지 못하는 제품은 내놓을 생각도 마라, 정신 차리고 다시 해보라며 질타를 받았죠. 기분이 가라앉았지만 곧 해내고야 말겠다는 의지가 솟아났어요. 이를 악물고 만들고 또 만들었죠. 서툴렀던 그때가 없었다면 지금의 저도 없기에 힘들었던 그 시간들도 이젠 소중한 기억으로 느껴져요.

다른 분야로 진출이 가능한가요?

편 다른 분야로 진출이 가능한가요?

김 보통 전문적인 기술을 가진 경우 아예 다른 분야로 진출하기는 어려워요. 제과제빵 분야도 마찬가지라 유사 분야에서 기술을 지도하거나 컨설팅을 하기도 하고 저처럼 대학의 교수가 되어 후학을 양성하는 경우가 많죠. 혹은 호텔의 관리직으로 가거나 자신만의 매장을 차려 운영하거나요.

현재 삶에 만족하세요?

편 현재 삶에 만족하세요?

김 작년까지만 해도 하루에 두세 시간 이상 자본 적이 없어요. 목표를 세웠으면 가능한 한 빨리 도달하기 위해 온 힘을 다하는 성격이라 누구보다 치열하게 살아왔죠. 저는 쉽게 단념하지 않고 끝까지 놓지 않는 끈기라는 장점을 가진 사람이에요. 더군다나 스스로 선택한 길인 만큼 제가 할 수 있는 최대한의 모습, 최선의 모습을 보여주고 싶다는 생각으로 노력했죠. 제 모토가 'Simple is Best'예요. 가장 단순한 게 가장 좋은 거라 생각하죠. 이 자리에 오기까지 수많은 결정의 순간에서 그 모토가 도움이 되었어요. 위기의 순간에도 그랬고요. 흔들릴 때마다 원하는 바를 이루려면 최선을 다해야 한다는 단순한 논리 하나로 이 일에 매진했죠. 다른 건 생각하지 않았어요. 덕분에 예상했던 것보다 좀 더 빨리 목표에 도달했으니 지금의 삶에 만족하지 않을 수 없겠죠?

편 다시 태어나도 제과제빵사가 되고 싶으세요? 만약 직업 선택의 자유가 주어진다면 제과제빵사 외에 어떤 일을 하고 싶은가요?

김 전에 친구와 술을 한잔 마시면서 대화를 나눌 때 친구가 그러더라고요. 학교에서 늘 공부만 하던 모습만 봐서 학자가 될 줄 알았는데, 이 직업을 선택해서 너무 뜻밖이었다고요. 전 항상 공부만 했던 범생이 스타일이었거든요. 반면 그 친구는 예전에 도예가였다 지금은 플로리스트로 일하는데 미적 감각이 남달라요. 다른 사람에게서도 예술적 감각이 보이면 예민하게 캐치해 내곤 하고요. 그런 본인이 보기에 저는 이 길과는 어울리지 않았던 거죠. 저 역시 제가 특별한 재능이나 감각을 가져서 제과제빵을 한다고 생각하지 않아요. 오로지 학습과 노력으로 일궈낸 것이죠. 만약 지금의 제 모습으로 다시 태어난다면 끈기와 열정을 이용해 계속 공부하면서 연구원으로 일하는 건 어떨까 싶네요. 학창 시절 흥미를 느꼈던 생물학이나 유전학을 연구하는 모습도 괜찮을 것 같거든요. 워낙 실험하고 분석하는 걸 좋아했으니 연구원이 돼도 잘 해낼 것 같아요.

나도
제과제빵사

나만의 포뮬러

빵과 케이크를 만드는 제과제빵에서는 음식의 요리법을 뜻하는 레시피라는 말 대신 포뮬러라는 말을 쓴답니다. 재료의 종류나 비율, 함량 등을 적어놓은 것을 배합표라고 하는데, 이러한 배합표를 토대로 빵이나 과자 만드는 과정을 정리해 놓은 걸 포뮬러라 부르고 있죠. 포뮬러란 단어가 공식 또는 식이란 뜻이잖아요. 제과제빵의 경우 제품을 만들기 전에 재료의 정확한 기능과 역할을 알아야 하고, 제작 시 정해진 용량을 제대로 넣어야 원하는 빵과 케이크가 나오기 때문에 포뮬러라 부르는 것이겠죠.

빵과 케이크를 만들 때는 다양한 재료들을 사용하는데요. 이 재료 하나하나는 저마다 다른 특성을 가지고 있으며, 서로 연계해 하나의 제품으로 탄생하게 되죠. 어떤 재료를 사용하느냐에 따라 새로운 제품이 만들어질 수 있고요. 여러분 앞에 다음과 같은 재료가 있어요. 주어진 재료를 이용해 나만의 빵 혹은 나만의 케이크를 만들어보세요. 기존에 있던 제품이 아닌 새로운 배합표를 만들고 포뮬러를 완성해 보는 거예요.

제과·제빵 재료 ✦ ··

밀가루(강력분, 중력분, 박력분)

물

설탕

유지(버터, 마가린, 쇼트닝)

우유

달걀

소금

베이킹파우더

이스트

초콜릿

건포도

술(진, 럼, 브랜디)

제품명				

✦ 배합표 ✦

재료	제과 백분율	중량(g)	비고

포뮬러

✦ 만드는 방법 ✦

배합표를 보면 제과 백분율(Baker's Percent)이란 단어가 나오는데요. 제과
백분율이란 밀가루의 양을 100퍼센트로 보고 각 재료가 차지하는 양을 백분율
(%)로 표시하는 방법이에요. 일반적으로 사용하는 백분율과는 달리 배합표에
있는 밀가루의 무게를 100퍼센트로 하여 각각의 재료를 밀가루에 대한 백분율
로 계산해 표시하는 것이죠.

제과제빵사
업무 엿보기

작업장 스케치

제과제빵사가 일하는 작업장은 어떤 모습일까요? 일반적인 주방의 모습과는 다르겠죠? 여러분의 궁금증을 풀어드리기 위해 제가 일하고 있는 경남도립남해대학의 제과제빵실을 소개해 드리려고 해요. 함께 가보실래요?

여기가 바로 제가 일하는 제과제빵실이에요. 음식을 만드는 곳은 무엇보다 위생과 청결이 중요하기 때문에 깨끗하게 유지될 수 있도록 늘 노력한답니다. 이곳에서 학생들과 함께 맛있는 빵과 케이크, 과자 등 다양한 디저트를 만들고 있어요. 그렇게 만든 제품들은 정성껏 포장하여 어려운 이웃들과 나누고 있고요.

✦

시금치 치아바타를 만들기 위해 빵 반죽을 펴고 있는 모습이네요. 치아바타는
원래 밀가루 본연의 맛이 나는 쫄깃하고 담백한 빵이지만 요즘엔 올리브나 바
질, 토마토 등 다양한 재료를 넣어 만들기도 해요. 이날은 시금치를 넣은 치아
바타를 만들어봤어요.

✦

대리석 위에서 초콜릿 템퍼링을 하고 있는 모습이에요. 템퍼링이란 초콜릿에 들어 있는 카카오 버터를 안정적인 베타 결정으로 굳히는 작업이죠. 결정이 불안정하면 초콜릿이 쉽게 녹아버려 보관하는 데에 어려움이 따르기 때문에 템퍼링을 해주고 있어요.

시폰케이크를 만들고 나서 학생들과 함께 품평하고 있는 모습이에요. 품평은 내가 만든 제품에 어떤 실수가 있었는지 어떤 점이 잘 되었는지 알 수 있는 좋은 기회예요. 피드백을 듣고 개선하는 과정을 거치며 실력은 점점 향상되죠.

✦

제과제빵실에서는 위생을 위해 조리복을 입고 모자를 써야 해요. 거기다 요즘
에는 코로나19로 인해 이렇게 마스크까지 착용하고 있죠.

제과제빵실 장비

제과제빵실에는 다양한 장비가 구비되어 있어요. 빵과 과자를 만들기 위해서는 조리대부터 냉장고, 오븐 등 수많은 장비와 소도구들이 필요하거든요. 그중에서 몇 가지 중요한 장비들을 소개해 드릴게요.

✦

데크오븐 고정형 오븐으로 전기 또는 가스를 사용하며, 윗불과 아랫불을 각각 조절할 수 있다는 장점이 있어요. 프랑스빵과 같은 하드 계열 빵부터 단과자빵 같은 소프트 계열 빵까지 다양한 제품을 구울 수 있죠.

✦

발효실 온도와 습도, 속도를 조절하여 정해진 설정에 맞춰 반죽을 숙성시키는 장비예요.

도우컨디셔너 반죽의 발효 시간을 조절하여 작업에 유동성을 주기 위해 개발된 장치예요. 만들려는 제품의 적당한 온도와 습도로 원하는 시간에 맞추어 발효될 수 있도록 조절할 수 있으며, 최대 72시간 정도 조정이 가능하죠.

✦

컨벡션오븐 대류열을 이용해 반죽을 굽는 오븐으로 안에 있는 팬Fan이 열을 전달하는 방식이에요. 페이스트리나 마카롱 등을 구울 때 주로 사용하죠.

✦

버티컬믹서 제과와 제빵 두 가지 작업에 모두 사용할 수 있는 수직형 혼합기예요. 속도는 3단으로 조절이 가능하며 사용하는 장착 도구에 따라 사용 용도가 바뀌는데 휘퍼와 비터는 주로 제과용으로, 후크는 주로 제빵용으로 사용하죠.

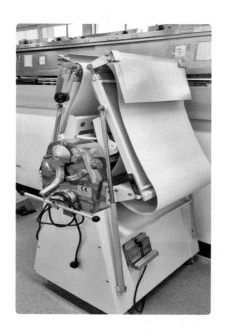

✦

파이롤러 반죽을 접거나 밀어서 펴기 위한 장비예요. 주로 페이스트리나 파이 등을 만들 때 사용하죠. 회전하는 벨트와 고정된 벨트 사이를 조절하여 반죽을 짧고 두껍게 또는 길고 얇게 만들 수 있어요.

✦

아이스크림 제조기 살균 탱크에 아이스크림 재료를 넣어 살균시킨 후 동결기로 이동해 아이스크림을 제조하는 설비예요.

과일을 이용한 디저트 만들기

새콤달콤한 과일, 좋아하시나요? 과즙이 풍부한 제철 과일을 이용하면 다양한 디저트를 만들 수 있는데요. 오늘은 그중에서 과일 판나코타를 만들어보려고 해요. 간편하게 먹을 수 있으면서 맛있고 누구나 즐길 수 있는 과일을 활용한 디저트죠. 제가 하는 대로만 따라 하면 여러분도 근사한 디저트를 만들 수 있답니다.

이탈리아식 디저트인 판나코타는 탱글탱글한 식감과 부드러움을 함께 가지고 있는 매력 만점의 음식이에요. 판나는 '크림'이라는 뜻이고, 코타는 '요리된 Cooked'이라는 의미죠. 이름에서 알 수 있듯이 우유와 생크림을 조리해 사용하며, 과일 퓌레와 과육을 올리는데요. 만약 과일 퓌레가 없다면 과일을 곱게 갈아 사용하거나, 직접 퓌레를 만들어보세요. 퓌레 만들기도 정말 간단하거든요. 먼저 과육을 준비하고 과육의 20퍼센트 분량만큼 설탕을 넣어 살짝 졸이면 끝이죠. 그럼 판나코타에 들어가는 재료 먼저 알아볼까요?

✦

판나코타 재료 ✦ ··

판나코타

우유 675g

생크림(35%) 450g

설탕 135g

판젤라틴 12g

연유 30g

바닐라 익스트랙 5g

토핑용 데커레이션

과일 퓌레 100g

미로와 50g

토핑용 과일 적당량

데코용 애플민트 적당량

판나코타 만드는 법 ✦ ···

① 먼저 냄비에 우유와 생크림, 설탕을 넣고 체온보다 조금 따뜻할 정도로
데워요. (가장자리가 보글거리면 불을 끄세요. 그럼 온도가 약 60℃ 정도
될 거예요.)

② 찬물에 불려 물기를 제거한 젤라틴을 데워진 재료에 넣고 녹여요.

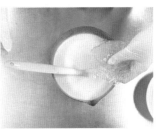

3 연유를 넣어 섞고, 체에서 내려준 후 용기에 담아 냉장고에서 굳혀요.
(굳기까지는 대략 두 시간 정도가 걸릴 거예요.)

4 과일 퓌레를 살짝 끓여 굳힌 우유 위에 올려준 후 다시 냉장고에 넣고 굳
혀요.

5 마지막으로 예쁘게 썬 과일과 애플민트로 장식해요. (과일은 미로와로 코팅해 올려주세요.)

세계의
디저트

네덜란드

스트룹와플 Stroopwafel

스트룹와플은 네덜란드어로 시럽을 의미하는 Stroop과 와플을 의미하는 Wafel의 합성어예요. 밀가루, 버터, 달걀, 우유, 이스트, 물, 설탕 등으로 반죽을 만들어 얇은 와플을 만든 후 버터, 시나몬, 흑설탕 등을 넣어 만든 시럽을 곁들인 디저트죠.

미국

키 라임 파이 Key Lime Pie & 브라우니 Brownies

키 라임 파이는 미국 동남부 키 지역의 라임과 연유 등을 넣어 만든 미국 남부 지방의 대표 디저트예요. 라임의 껍질과 즙, 연유가 들어가서 상큼하면서도 달콤한 맛이 나 대중적으로 사랑받고 있죠. 미국인들이 열광하는 또 하나의 디저트인 브라우니는 밀가루, 버터, 달걀, 설탕, 초콜릿, 코코아가루 등을 섞은 후 사각형 틀에 담아 오븐에 구워낸 디저트예요. 보통 크림을 얹어 먹으며, 깊은 맛과 쫀득한 식감을 가지고 있죠.

스웨덴

카다멈 번 Cardamom Buns

카다멈 번은 겉은 바삭하고 속은 촉촉한 번에 생강과에 속하는 향신료인 카다멈을 넣은 디저트예요. 번의 부드러움과 카다멈의 고소한 맛이 조화를 이루어 향과 식감 모두 충족할 수 있는 빵이죠.

스페인

추로스 Churros

추로스는 밀가루 반죽을 기름에 튀겨 달콤한 설탕을 묻힌 긴 막대 모양의 디저트예요. 스페인 사람들은 추로스를 간식으로 먹기도 하지만 숙취 해소를 위해 진하고 걸쭉한 코코아와 함께 아침에 먹기도 하죠. 제가 스페인에 갔을 때 가장 처음 먹었던 음식이 바로 쇼콜라쇼와 추로스였어요.

싱가포르

첸돌 Cendol

첸돌은 차가운 코코넛 밀크에 쌀가루로 만든 연녹색 젤리를 넣은 디저트로 우리나라의 빙수와 비슷해요. 판단 잎을 넣어 만든 연녹색 젤리와 팥, 흑설탕, 얼음이 들어가며 달콤함을 비롯한 다양한 맛이 나죠.

아르헨티나

토르타 로겔 Torta Rogel

토르타 로겔은 페이스트리 사이사이에 둘세 데 레체라는 캐러멜 시럽을 넣어 총 여덟 개의 층을 쌓아 만든 후 상단에 달콤한 이탈리안 머랭을 얹고 겉만 살짝 익혀 만든 디저트예요. 아르헨티나의 전통적인 디저트로 결혼식이나 생일 같은 축하 파티에서도 즐겨 먹죠.

오스트리아

아펠슈트루델 Apfelstrudel

아펠슈트루델은 속을 채워 넣은 일종의 페이스트리예요. 잘라낸 단면을 보면 소용돌이처럼 층이 나 있어 독일어로 소용돌이를 의미하는 슈트루델이란 이름이 붙여졌죠. 페이스트리 사이사이와 겉면에 버터를 발라 여러 번 굽기 때문에 각 층이 살짝 떨어져 있으며 바삭한 식감을 느낄 수 있어요. 속에 무엇을 채워 넣는가에 따라 다양한 맛을 느낄 수도 있고요.

이탈리아

티라미수 Tiramisu & 판나코타 Panna Cotta

이탈리아어로 '나를 끌어올리다'라는 의미를 가진 티라미수는 에스프레소 시럽으로 촉촉하게 적신 스펀지케이크와 이탈리아 전통 크림치즈인 마스카 포네 치즈를 번갈아 가며 쌓아 올린 후 마지막에 코코아가루를 뿌리고 차갑 게 굳혀 만든 디저트예요. 티라미수는 형태가 잘 고정되지 않고 흐트러지기 쉬워 디저트용 컵에 담아 먹죠. 판나코타는 우유, 생크림, 설탕을 함께 끓이 다가 젤라틴을 넣어 차게 굳힌 이탈리아의 인기 디저트예요. 부드러운 맛이 매력적이며 취향에 따라 좋아하는 과일이나 새콤달콤한 퓌레를 올려 먹죠.

인도

굴랍 자문 Gulab Jaram

굴랍 자문은 분유를 넣어 반죽한 볼을 뜨거운 기름에 튀겨낸 후 장미 향 시럽을 뿌려 먹는 인도의 전통 디저트예요. Gulab은 장미수를 의미하고, Jaram은 이 디저트와 크기나 모양이 비슷한 인도의 과일을 의미하죠.

안미츠 あんみつ
....

안미츠는 삶은 팥과 각종 과일, 우뭇가사리 묵을 넣은 미츠마메みつまめ에 떡, 꿀, 아이스크림 등을 얹어 먹는 일본 음식으로 화과자의 일종이에요. 형태는 팥빙수와 비슷하지만 얼음이 들어가진 않죠.

탕후루 Tanghuru
....

탕후루는 중국의 대표적인 길거리 간식이에요. 과일에 설탕과 물엿 등을 녹여 만든 시럽을 바른 후 굳혀서 먹는 달콤한 음식으로 한국에서도 인기 있는 디저트죠. 중국인들은 이 간식을 송나라 때부터 먹었는데요, 당시엔 새빨간 산사나무 열매를 대나무 꼬치에 꿰어 설탕과 물엿 등을 바른 후 얼려 반짝반짝하게 만들었다고 해요.

메이플 테피 Maple Taffy

메이플 테피는 캐나다의 특산품인 메이플 시럽과 눈을 활용해 만든 전통 사탕이에요. 눈 위에 뜨겁게 달군 메이플 시럽을 길게 부어 나무젓가락이나 포크로 돌돌 말아 즉석에서 만들어 먹는 디저트죠. 일반적인 사탕처럼 딱딱하지 않고 말랑말랑한 식감을 가지며 단풍나무 수액을 농축시켜 얻은 시럽을 사용해 인공적이지 않고 향긋한 맛을 내요. 눈을 이용한 계절 음식이라 겨울이나 초봄에 퀘벡이나 온타리오 동부에서 맛볼 수 있죠.

터키시 딜라이트 Turkish Delight

터키시 딜라이트는 옥수수 전분과 설탕을 이용해 만든 강렬한 단맛의 디저트예요. '터키의 즐거움'이라는 의미를 가지고 있으며, 로쿰Lokum이라고도 불리죠. 19세기에 이스탄불을 여행하던 영국인 여행자에 의해 다른 나라에도 소개된 후 피카소나 나폴레옹과 같은 역사적인 인물들이 좋아하는 간식이라고 알려지면서 더 유명해졌고요.

프랑스, 이탈리아

마카롱 Macaron

마카롱은 작고 동그란 모양의 꼬끄 사이에 잼이나 가나슈, 버터크림 등의 필링을 채워 만든 과자예요. 꼬끄는 겉은 바삭하고 속은 쫄깃한 식감을 가졌으며 넣는 재료에 따라 다양한 색상을 낼 수 있죠. 알록달록한 화려한 색상이 특징인 이 디저트는 프랑스와 이탈리아뿐만 아니라 전 세계적으로 사랑받고 있어요.

헝가리

키르토쉬칼라취 Kürtőskalács

키르토쉬칼라취는 굴뚝을 닮은 특이한 모양이 인상적인 과자예요. 막대에 밀가루 반죽을 돌돌 말아 설탕물을 입히고 오븐에 구워낸 후 표면에 견과류나 초콜릿을 입혀 만들죠. 겉은 바삭하고 속은 부드러운 식감을 가진 키르토쉬칼라취는 모양 때문에 '굴뚝 빵'이라고도 불려요.

파블로바 Pavlova

파블로바는 머랭을 베이스로 하여 만든 디저트로 러시아의 전설적인 무용수인 '안나 파블로바'의 이름을 따서 만들어졌어요. 겉은 바삭바삭하고 속은 부드러운 식감을 가졌으며, 구운 머랭 위에 생크림과 각종 과일을 올려 달콤하면서도 상큼한 맛을 내죠.

홍콩

단 타츠 Dan Tats

단 타츠는 우리가 에그타르트라고 알고 있는 디저트예요. 밀가루 반죽을 얇게 펴고 그 안에 달걀과 생크림, 설탕, 바닐라 향을 섞어 만든 커스터드를 채운 후 구워내죠. 포르투갈의 파스텔 드 나타가 홍콩으로 전해지면서 새롭게 탄생했으며, 이젠 홍콩의 대표적인 디저트가 되었어요.

세계의
제과제빵학교

INBP Institut National de la Boulangerie et Pâtisserie

INBP는 파리에서 기차로 약 한 시간 이십분 거리에 있는 루앙이라는 곳에 위치한 교육 기관이에요. 1972년에 제과 및 제빵 분야의 전문가를 양성하기 위해 설립되었으며, 프랑스의 상징이기도 한 제과제빵 기술을 전 세계에 널리 알리고 전국 제과제빵 연합과 공동 연구를 실시함으로써 해당 분야의 발전을 주도해 왔죠. 교육 과정을 보면 제빵 과정과 제과 과정으로 나뉘며 5~6개월간의 장기 코스와 일주간의 단기 코스, 1일짜리 연수가 있어요.

ENSP Ecole Nationale Supérieure de Pâtisserie

ENSP는 1850년에 제과 분야의 교육과 연구를 위해 설립된 고등 제과 국립 학교예요. 1970년대부터는 직업 교육을 실시하기 시작하였고, 현재는 학위 과정과 국제 제과 과정, 단기 과정, 직업 과정 등의 다양한 교육 프로그램을 제공하고 있죠. 학생들이 수준 높은 기술과 역량을 갖출 수 있도록 제과 직업 교육 과정CAP Pâtisserie과 초콜릿 직업 교육 과정CAP Chocolatier을 8개월 코스로 진행하고 있고요.

르 꼬르동 블루 Le Cordon Bleu

'푸른 리본'이라는 뜻을 가진 르 꼬르동 블루는 1895년 프랑스 파리에서 개교한 이래 100년이 넘는 시간 동안 프랑스 요리와 제과제빵 기술을 교육하고 있어요. 현재 서울을 비롯한 전 세계 각지에 캠퍼스를 보유하고 있고요. 8~9개월 코스로 교육이 이루어지며, 이 기간 동안 초급, 중급, 고급 과정을 배우게 되죠. 요리 및 제과의 모든 수업을 수강한 학생은 그랑 디플롬Le Grand Diplôme-Le Cordon Bleu을 받게 되는데, 이 학위가 있으면 유명한 요식 업체와 특급 레스토랑, 호텔에서 실습할 수 있는 기회를 갖게 돼요. 실습 기간 동안 국제적인 외식 기업에서 다양한 경력을 쌓으며 학교에서 배운 자신의 기술을 연마할 수 있죠.

르 노트르 Ecole professionnelle, Le Nôtre

르 노트르는 1971년에 파리 근교인 Le Plaisir에 설립된 제과제빵학교예요. 프랑스의 유명한 제빵 및 제과 기술자를 배출해 냈으며, 매년 100여 개 국가에서 3,000여 명의 학생들이 르 노트르를 찾고 있죠. 한국의 SPC 컬리너리 아카데미에도 르 노트르의 커리큘럼을 그대로 가르치는 제과 전문과정인 에꼴 르 노트르 제과 마스터 클래스가 개설되었어요. 이 코스는 16주간의 국내 교육과 2주간의 프랑스 연수로 구성되어 있죠.

동경제과학교

동경제과학교는 1953년에 제과제빵 기술자 양성을 위해 설립된 일본 최대 규모의 기술자 전문 양성학교예요. 제과제빵업계로부터 높은 신뢰를 얻고 있으며, 졸업생들은 동경과 서울, 파리, 스위스, 독일 등 세계 각지에서 활약하고 있죠. 커리큘럼을 보면 2년 과정으로 화과자, 양과자, 빵 본과로 나누어져 있으며, 실습 위주의 수업을 하고 있어요.

츠지제과전문학교

1960년에 오사카에 설립된 츠지제과전문학교는 양과자와 화과자, 빵 등 다양한 장르를 동시에 배울 수 있는 종합교육기관이에요. 학과별로 적은 수의 학생만 받아 소수 정예로 운영되며, 학생들이 고도의 제과 기술과 제과 관련 지식을 습득할 수 있도록 지도하고 있죠. 프랑스 리옹에 분교가 있어서 프랑스 일류 제과점이나 쇼콜라트리에서 현장 실무를 체험할 수 있고요.

존슨 앤 웨일즈 대학교 Johnson & Wales University

존슨 앤 웨일즈 대학교는 1914년에 설립된 사립대학교로 메인 캠퍼스는 로드 아일랜드 주의 프로비던스에 위치해 있어요. 세계 5대 조리학교 중 하나로 호 텔경영학, 레스토랑경영학, 조리학, 제과제빵학 등의 전공 분야가 특성화된 학 교죠. 4년제 제과제빵 학사과정이 개설되어 있고, 토플 성적과 수능 성적 없이 조건부 입학이 가능해요. 조리와 호텔경영 전공은 인턴십과 아르바이트를 할 수 있으며, 졸업 후 현장에서 1년간 일할 수 있죠.

제과제빵사에게
궁금한 Q&A

Q 제과제빵이란 무엇인가요? '나에게 제과제빵은 ○○○이다'라고 표현해 주세요.

A 나에게 제과제빵은 나눌 수 있는 따뜻한 마음이다. 이렇게 얘기하고 싶어요. 애니메이션 〈꿈빛 파티시엘〉에서는 다양한 스위츠와 그 제조 공정이 아주 매력적인 모습으로 그려져요. 스위츠 만드는 사람들의 소박하고 순수한 이야기를 따라가다 보면 어느새 마음이 몽글몽글해지죠. 꿈을 꿀 때마다 행복한 표정을 짓는 주인공들의 모습에 절로 미소를 짓게 되고요. 애니메이션의 주인공이나 저나 제과제빵은 사람들과 나누고 싶은 마음에서 시작한다고 생각해요. 맛있는 빵과 과자를 구워 누군가에게 먹이고 싶다는 그 따뜻한 마음이요. 그런 제 마음을 좀 더 적극적으로 전달하기 위해 빵 봉사활동을 시작하게 되었고 지금까지도 꾸준히 해오고 있어요. 아마도 늘 베풂과 나눔을 실천하며 적십자에서 오랫동안 봉사활동을 해오신 어머니를 보면서도 영향을 받았겠죠. 나눠보니 더 알겠더라고요. 남녀노소 누구나 좋아하는 빵과 과자는 나누면 기쁨이 배가 되는 따뜻한 마음이란 걸요.

Q 제과제빵의 기본은 무엇인가요?

A 요리의 기본은 정도를 지키는 것이에요. 음식을 조리하고 판

매하는 곳의 위생과 청결을 유지하며, 맛의 조화로움을 찾는 것이
죠. 특히나 요즘같이 시각적인 요소를 이용해 강력하게 어필하는
때에는 더욱더 맛에 집중할 필요가 있어요. 음식에 있어 중요한 건
외형만이 아니라 재료의 균형과 식감, 맛과 향의 조화니까요. 적합
한 재료를 가지고 가장 이상적인 식감을 내고 맛이 조화를 이루도
록 밸런스를 맞추는 일, 그게 무엇보다 가장 기본이라고 생각해요.

Q 추구하는 제품은 어떤 건가요?

A 기본적으론 맛뿐만 아니라 전반적인 조화가 잘 이루어진 제품이어야 해요. 상품성도 갖추지 않으면 곤란하죠. 일단은 고객들이 돈을 지불하고 구매할 만한 가치 있는 제품이 되어야 한단 뜻이에요. 그러기 위해선 맛과 품질이 좋아야 하고 가격도 적당해야 하겠죠. 맛과 멋을 갖췄으면서도 가성비가 좋아 고객들이 만족할 수 있는 상품, 그게 바로 제가 추구하는 제품이에요.

Q 메뉴 구상 작업은 어떻게 이루어지는지 궁금해요.

A 저 같은 경우 먼저 종이를 꺼내놓고 제품에 대한 구상을 하기 시작해요. 원하는 제품의 모토나 기본에 대해 떠올리며 생각나는 대로 끄적여보는 거죠. 그리고 나서 그림을 그리기 시작하는데, 이 과정이 바로 제품의 디자인 도안을 짜는 단계에요. 디자인이 완성되면 비슷한 제품이 없는지 검토를 하죠. 제 도안과 똑같은 제품이 이미 나와 있으면 안 되잖아요. 흔히 레시피라고 하는 조리법을 제과제빵 분야에서는 배합비 또는 포뮬러라고 얘기하는데요. 이제 포뮬러를 만들 차례예요. 사실 제과제빵을 하는 데 있어 기존 포뮬러에서 크게 벗어난 방법은 그리 많지 않아요. 기본에서 조금씩 변형이 되면서 새로운 제품이 탄생하는 것이죠. 메뉴를 구상할 때도

기존에서 어느 정도 변형이 되는지 확인하고 그 물성에 따라 배합비를 만들게 돼요.

이제 나중에 어떤 제품이 될지 연상을 해보고, 그 제품을 다루는 기계가 있다면 기계적 측정까지 해보는 단계로 넘어가요. 제빵의 경우 반죽의 강도, 안정성 등을 측정하거나 스프링성, 텍스처의 정도를 알 수 있는 기계가 따로 있거든요. 기계를 이용하게 되면 재료를 조합했을 때 어떤 반응을 일으키는지, 어떤 맛이 나고 어떤 식감을 가지는지, 최상의 상태는 어떤 상태인지까지 모두 측정할 수 있죠. 기계를 이용한 작업이 끝나면 마지막으로 관능검사를 하는데, 이는 여러 가지 품질을 인간의 오감에 의해 평가하는 제품 검사예요. 전문가 패널뿐만 아니라 일반 고객을 대상으로도 평가를 진행하고 있죠.

보통 소규모의 매장을 운영하게 되면 이렇게까지 복잡한 과정을 모두 거치는 건 아니에요. 제품을 구상한 다음 일단 한번 만들어보죠. 완성이 되면 내부 직원들을 대상으로 맛 테이스팅을 해보고 이후 전문가와 고객들에게도 평가를 받아요. 평가 결과가 좋으면 판매에 들어가게 되고 반대의 경우 아이디어는 폐기되죠. 맛이 좋더라도 가격이 너무 비싸거나 공정 과정이 길고 어렵다면 역시 폐기되고요. 사업성이 떨어지니까요. 하나의 제품이 나오기까지는

수많은 시행착오를 겪어야 하죠.

Q 영감은 어디서 얻나요?

A 주변의 모든 것이 영감의 원천이죠. 저를 둘러싼 이 세계는 굉장히 다양한 요소로 이루어져 있는데요. 제가 제과제빵을 전문으로 한다고 해서 이 분야에만 집중하는 건 아니에요. 범위를 넓혀 세상의 많은 것에 주의를 기울이고 흥미로운 지점을 찾아내죠. 제 분야만 파지 않고 잡독을 하는 이유도 영감을 얻기 위해서고요. 모방은 창조의 어머니라잖아요. 훌륭한 셰프들이 만든 음식을 먹기 위해 국내외 유명한 식당과 베이커리를 찾아다니기도 해요. 빵이나 과자뿐만 아니라 아름다운 작품들도 찾아보면서 가능한 많이 보고 많이 먹어보며 경험을 늘리려고 하죠. 저는 창의력이 뛰어난 사람은 아니기 때문에 다양한 관심과 경험이 무엇보다 중요하다고 생각하거든요.

Q 어떤 음식을 먹고 나면 그 음식의 조리법이 바로 떠오르나요?

A 솔직히 말씀드리면 단순히 먹기만 해서는 구체적인 조리법까지 알 순 없어요. 단면을 잘라보고 각 재료를 하나하나 살펴보고 먹어보며 분석을 해야 '아, 이렇게 만들었구나' 하고 알 수 있죠. 예를

들어 케이크를 먹는다면 시트와 크림을 따로따로 먹으면서 각각 어떤 맛인지 느껴보고, 또 전체를 같이 먹어보는 거예요. 그럼 어떤 재료를 어떻게 배합했는지 어느 정도 추측이 가능하죠. 초콜릿이나 생크림이 들어갔다면 어떤 종류인지도 파악할 수 있고요.

Q 메뉴의 교체 시기가 따로 정해져 있나요?

A 먼저 교체 주기를 보면 인기 있는 제품 혹은 꾸준히 팔리는 제품은 주기가 길겠고, 반대의 경우라면 짧을 수밖에 없겠죠. 말씀하신 교체 시기의 경우 제철 과일이 들어가는 제품이라면 계절마다

바뀌게 되고, 초콜릿이나 바바루아 등은 온도에 민감하기 때문에 여름이 되면 잘 만들지 않죠. 냉장 보관이 가능하지만 아무래도 뜨거운 날엔 음식이 쉽게 변질되기 때문이에요. 대신 여름엔 빙수와 시원한 아이스 아메리카노에 곁들일 쿠키나 제과 제품을 주로 만들게 되고요.

Q 신입 직원의 경우 실력 향상을 위해 계속해서 연습을 해야 하잖아요. 가게의 주방에서도 연습을 할 수 있나요?

A 연습은 본인이 각자 알아서 해야 해요. 가게는 판매할 제품을 만드는 곳이지 개인적인 연습을 하기 위한 공간이 아니거든요. 저 역시 매장을 운영할 때도 따로 작업장을 두고 그곳에서 연습을 했어요. 빌려달라는 사람이 있으면 대여해 주기도 했고요. 개인 주방이든 다른 사람에게 빌린 곳이든 연습은 직장과 분리된 곳에서 하는 게 맞는다고 생각해요.

Q 연습을 통해 맛을 내는 기술이 발전할 수 있나요?

A 그럼요. 우리는 연습과 실수를 통해 앞으로 나아갈 수 있죠. 많이 실패해도 괜찮아요. 왜 실패했는지 고민하고 어떻게 개선할지 연구한다면 그것이 모두 데이터가 되어 나를 발전시키고 성장시키

거든요.

Q 손재주나 감각이 있어야 할 것 같은데, 그런 건 선천적으로 타고나야 하는 거 아닌가요?

A 사실 타고나는 것도 있죠. 정말 뛰어난 실력을 가진 셰프들 중엔 선천적으로 타고난 사람이 꽤 있어요. 남들보다 예민한 후각이나 미각이라든지 탁월한 손재주를 가지고 태어나 그 능력을 활용해 특별한 위치에 올라간 분들이죠. 특히 설탕 공예나 초콜릿 공예를 하는 분들은 손놀림이 얼마나 섬세한지 몰라요. 평범한 수준의 보통 사람이라면 쉽게 따라 하지 못할 거예요. 하지만 타고난 손재주나 감각이 없다고 해서 제과제빵사가 될 수 없는 건 아니에요. 저 역시 학습을 통해 이 일을 익히고 연습을 통해 여기까지 왔죠.

Q 대형 프랜차이즈 베이커리와 개인이 운영하는 베이커리의 차이점은 무엇인가요?

A 대형 프랜차이즈 베이커리에서 일하게 되면 한 가지 파트를 맡아서 담당하게 되는데, 그렇게 되면 그 분야에서만큼은 전문적인 기술을 가질 수 있게 되죠. 만약 본인이 원한다면 다른 파트로 갈 수도 있기 때문에 무조건 한 가지 경험만 하게 되는 건 아니고

요. 단점이라면 다수의 직원이 근무하기 때문에 팀원들과 협력할 수 있는 능력이 더 많이 요구돼요. 팀워크를 해치지 않도록 인간관계를 잘 구축해 나가야 빨리 성장할 수 있고요. 반면 개인이 운영하는 베이커리는 작은 규모로 움직이며 직원 수도 적은 만큼 늘 손이 부족하기 때문에 한 가지 파트만 맡기기는 어려워요. 어쩔 수 없이 여러 가지 일을 하다 보면 전문적인 기술을 쌓을 수도 없고 힘도 들겠지만 달리 생각하면 많은 경험을 통해 다양한 능력을 키울 수 있는 거죠. 일이 힘들고 고되더라도 반죽부터 시작해 여러 제품을 두루 제작해 보고 싶은 학생이 있다면 개인 베이커리를 추천하고 있어요.

Q 음식을 먹고 힐링이 된 경험이 있나요?

A 그럼요. 맛있는 디저트를 먹고 행복감에 젖어 이 일에 관심을 두게 되었고, 결국 제과제빵사라는 직업까지 가지게 되었는걸요. 저는 식사량이 적어서 밥은 많이 못 먹는데 디저트만큼은 양껏 먹을 수 있어요. 맛과 정성이 가득한 디저트는 제게 즐거움과 행복감을 느끼게 해주죠. 홍콩에서 먹었던 에그타르트는 페이스트리의 바삭함과 달걀의 부드러움이 완벽한 조화를 이뤘어요. 태국에서 망고 빙수를 먹었을 땐 연유를 두른 과육이 너무나 달콤해 한입 깨

무는 순간 행복감에 젖어 들었고요. 보통 단 음식만 먹어도 순간적으로 기분이 좋아지는데, 아름다운 외형을 가진 데다 특별한 맛까지 느껴진다면 쌓여있던 나쁜 감정을 싹 지워버리는 마법 같은 순간이 찾아와요. 디저트는 힐링 음식 그 자체이죠.

Q 첫 디저트는 무엇이었나요?

A 물론 그 이전에도 빵과 과자를 먹었겠지만 지금까지도 또렷하게 기억나는 건 초등학교 때 어머니가 데리고 간 신라호텔의 디저트 페어에서 먹었던 크레페예요. 디저트 페어답게 형형색색의 아름다운 과자들이 가지런히 놓여있는 모습이 제겐 신천지였죠. 마치 동화 속 세상에 발을 디딘 것 같았어요. 여러 가지 제품의 맛을 보았는데 가장 인상적인 건 셰프가 제 앞에서 만들어 준 크레페였죠. 플람베를 해서 접시에 담아준 크레페는 따뜻하고 달콤했어요. 먹는 내내 맛있다는 생각밖에 할 수 없었죠. 뜨거운 불을 이용해 플람베를 하는 셰프의 유려한 손놀림과 갓 구워진 크레페가 제가 기억하는 디저트와 관련된 첫 장면이에요.

Q 디저트와 관련된 다른 추억도 있나요?

A 어머니는 제가 보다 넓은 세상으로 나가 많은 경험을 하길 바

라셔서 어릴 때부터 외국에 종종 보내주셨어요. 아무래도 지방에서 살았기 때문에 마을이라는 좁은 세계를 벗어나 더 넓은 시야를 갖길 원하셨나 봐요. 덕분에 초등학교 땐 일본으로 중학교 때는 캐나다로 어학연수를 가게 되었어요. 고등학생이 되어서는 입시 준비 때문에 가지 못했고, 대학생이 되자 또 여기저기로 저를 보내주셨죠. 그러다 보니 어린 시절부터 이국의 음식을 접하게 되었고 빵과 과자가 자연스럽게 다가왔어요.

그중 특히 기억에 남는 건 초등학교 때 일본에서 먹었던 몽블랑과 오페라예요. 몽블랑은 바닐라 향을 낸 밤 퓌레를 건조한 머랭 위에 가는 국수 모양으로 짜 얹어 만든 디저트예요. 오페라는 시트를 진한 커피시럽으로 적신 후 커피 버터크림과 초콜릿 가나슈를 층층이 채워 넣은 케이크고요. 둘 다 정말 맛있더라고요. 그전까지 먹어보지 못했던 새로운 맛이기도 했고요. 어릴 때의 기억이 오래간다고 하잖아요. 그래서인지 아직까지도 가장 인상적인 디저트 중 하나로 남아 있죠. 어학연수를 위해 갔던 캐나다에서도 디저트와 관련된 추억이 있어요. 제가 처음 영어로 주문을 했던 게 바로 블루베리 컵케이크와 라테였죠. 사실 컵케이크의 맛도 왜 그걸 주문했는지도 생각은 나지 않지만 첫 주문에 설레고 긴장됐던 기억만은 뚜렷하네요. 지금도 블루베리 컵케이크를 보면 그날의 떨림이 생각나요.

Q 여러 나라를 다니며 접했던 현지 문화나 음식을 이용해 새로운 메뉴를 개발하기도 하나요?

A 일상의 모든 것이 영감의 원천이라고 말씀드렸잖아요. 외국의 문화나 음식도 마찬가지죠. 실제로 현지의 음식을 활용해 제품을 만든 적은 없지만 메뉴를 개발할 때면 그간의 경험이 많은 도움이 돼요. 예를 들어 일본은 오사카의 오지상 케이크와 같은 수플레 치즈 케이크가 유명한데요. 수플레 치즈 케이크는 뉴욕 치즈 케이크와 달리 말랑말랑하며 폭신폭신한 부드러운 케이크예요. 그 케이크를 먹으면서 어떻게 하면 더 폭신폭신한 식감을 느끼게 할 수 있을까 고민하고 그 방법을 제품에 응용하는 거죠. 일본은 녹차나 단팥을 이용한 디저트도 많이 만들어요. 저는 단팥을 별로 좋아하진 않지만 어머니는 팥을 좋아하셔서 일본에서 먹었던 단팥 제품을 생각하며 함께 이런저런 시도를 해보기도 했죠. 말레이시아에 가면 싱싱한 제철 과일이 많아서 그 계절에 나오는 식자재를 사다가 다양한 제품을 만들어봤던 경험도 많고요.

Q 외국에서 먹었던 음식 중 가장 인상적인 메뉴는 무엇이었나요?

A 유럽에 가서 먹은 디저트들이 대체적으로 맛있긴 한데 다소 자극적일 때도 있고 너무 달 때도 있었어요. 동양인이라 그런지 일본 음식과는 잘 맞지만 역시 단맛이 너무 진한 걸 먹으면 속이 조금 불편했고요. 그래도 가장 인상적이었던 건 일본에서 만난 제품이었어요. 하나의 메뉴가 아니라 그들이 현지화시킨 제품들이었죠. 유럽의 디저트들을 일본 시장에 맞게 살짝 변형해서 파는데 아이디어가 굉장히 신선해서 따라 하고 싶더라고요. 우리나라에도 들여와서 한국 사람들의 입맛에 맞게 현지화시킨 제품을 만들어보고 싶다는 욕구가 솟아올랐죠.

Q 정말 맛있어서 가는 가게가 있나요?

A 입맛도 취향도 계속 바뀌기 때문에 예전부터 다녔던 단골집 같은 건 없어요. 대학에 다닐 땐 학교 근처에 있는 아티제에 거의 매일 갔어요. 슈가 굉장히 맛있어서 늘 커피와 함께 슈를 먹으며 과제나 공부를 하다 갔죠. 지금도 슈를 좋아해서 가끔 먹는데 그럴 때면 풋풋했던 그 시절이 떠올라요. 학생들이 플레이팅 디저트 카페를 소개해달라고 하면 알려주는 곳이 있어요. 서울 한남동에 위치

한 제이엘 디저트 바로 Justin Lee 셰프가 디저트를 코스로 제공해주는 곳이죠. 참신하고 예쁜 디저트를 창의적으로 표현해낸 플레이팅을 보면 눈까지 즐거워지는 곳이라 좋아해요.

Q 특별히 좋아하는 재료가 있나요?

A 시트러스가 들어가서 상큼한 향과 맛이 나는 걸 좋아해요. 그러다 보니 레몬이나 오렌지, 라임 같은 걸 넣어 다양한 제품을 만들곤 했죠. 시트러스보다 더 좋아하는 건 꾸덕꾸덕한 질감의 초콜릿이에요. 극강의 달콤함과 쌉싸름한 맛의 조화를 정말 사랑해서 초콜릿을 이용한 신제품 역시 종종 만들었었죠.

Q 글루텐 프리 또는 비건 베이킹에도 관심이 있나요?

A 그럼요. 요즘 트렌드라 관심은 많죠. 너무 바빠서 수락하진 못했지만 수업을 의뢰받은 적도 있고요. 얼마 전에도 어떤 분을 만났는데 완전 채식주의자더라고요. 비건이라고 하죠. 모든 육식을 거부하고 식물성 식품만 먹는 사람이요. 채식주의자에는 프루테리언부터 락토 베지터리언, 오보 베지터리언, 페스코 베지테리언 등 다양한 종류가 있는데 그에 따라 어떤 분은 우유나 유제품은 먹지 않고, 또 어떤 분은 달걀은 먹지 않죠. 이러한 채식주의자나 아토피 피

부염 환자의 증가로 인해 글루텐 프리나 비건 베이킹에 관한 연구가 더욱 활발해지고 있어요. 저 역시 관련 제품을 만들기 위해 노력하고 있긴 하지만 사실 제가 선호하는 맛은 아니에요. 저는 유제품의 고소한 맛을 굉장히 좋아하거든요. 트렌드인 걸 알기에 관심을 가지고 있고 제품 제작도 가능하지만 제 스타일은 아니란 거죠.

Q 홈베이킹을 시작하는 초보자들이 따라 하기 좋은 레시피가 있다면 추천해 주세요.

A 제가 좋아하는 얼그레이가 듬뿍 들어간 얼그레이 스콘을 소개할게요. 우선 얼그레이 찻잎을 블렌더로 곱게 갈아 분말 형태로 만들어주세요. 그런 다음 볼에 강력분과 베이킹파우더, 얼그레이 분말, 소금, 설탕, 비정제 설탕을 모두 넣고 거품기로 한번 고루고루 저어줘요. 이번엔 가운데를 오목하게 판 후 그 부분에 생크림을 넣고 재료를 섞어 한 덩어리로 만들어 준 다음 비닐이나 랩으로 싸서 최소 3~4시간을 냉장고에서 휴지시켜주는 거예요. 시간이 지나면 냉장고에서 반죽을 꺼내 본인이 만들고 싶은 모양으로 성형하여 오븐에 구워주면 얼그레이 홍차 향이 가득한 스콘이 완성되죠. 누구나 할 수 있는 정말 쉬운 레시피예요. 얼그레이 스콘에는 라즈베리 잼을 곁들이면 좋은데요. 라즈베리 잼 만드는 법은 더 간단하죠. 냄비에 냉동 라즈베리와 설탕, 펙틴을 넣고 끓이다가 레몬즙을 넣으면 완성이거든요. 각 재료의 양은 다음과 같아요.

얼그레이 스콘과 라즈베리 잼 재료

얼그레이 스콘	라즈베리 잼
강력분 100g	냉동 라즈베리 200g
베이킹파우더 3g	설탕 100g
얼그레이 분말 2.5g	펙틴 10g
소금 1g	레몬즙 10g
설탕 20g	
비정제 설탕 10g	
생크림 100g	

제과제빵사
김지민 스토리

편 어린 시절에 대한 이야기가 궁금해요. 부모님은 어떤 분이셨는지, 어린 시절 환경은 어땠는지 알려주세요.

김 저는 경북 김천에서 태어났어요. 제가 태어난 김천과 부모님의 고향인 대구에서 어린 시절을 보냈죠. 아버지는 약사셨는데 정도를 중요하게 생각하셨고, 법칙과 질서도 중시해서 규칙이나 규정은 반드시 지키셨어요. 남들에게 폐 끼치는 걸 정말 싫어하셨고요. 어머니는 진취력이 남다르셨으며 사업가의 마인드가 강한 분이셨어요. 다양한 외식업 분야의 사업체를 운영하셨고, 자식들이 어떤 분야에 재능이 있는지 알아보기 위해 여러 가지 교육을 시키셨죠. 좀 더 넓은 세상을 보라며 저희가 어렸을 때부터 외국으로 보내주셨고요. 각종 캠프에도 보내셨는데, 그래서인지 저희 삼 남매 모두 독립적이고 진취적인 아이로 자랄 수 있었어요. 어려서부터 책임감에 대한 교육도 많이 하셨는데요. 그런 부모님 덕택에 시작한 일은 반드시 끝까지 해내려고 노력하며 맡은 일이나 해야 할 의무가 있다면 끈기 있게 해내는 사람이 되었죠. 부모님께서는 저희가 관심을 보이거나 하고 싶은 게 있으면 아낌없이 지원해 주시기도 했어요. 선생님이 필요한 일이라면 그 지방에서 가장 유명한 분을 데려다주시기도 했죠. 덕분에 어려서부터 다양한 경험을 해볼 수 있었어요.

편 어렸을 때 꿈은 무엇이었나요?

김 어렸을 때는 매번 꿈이 달라졌어요. 친구가 플루트를 연주하는 모습을 보곤 나도 플루티스트가 돼야겠다는 식이었죠. 실제로 플루트를 시작했는데 폐기량이 적어서 포기했고, 그런 저를 본 어머니가 바이올린과 피아노를 권하셔서 시도해 봤지만 제가 음악적인 재능이 전혀 없더라고요. 미술에서 흥미를 찾을까 싶어 학원에 다니며 그림을 그려봤는데 잘하지 못했고요. 그런 식으로 제가 잘하는 걸 찾기 위해 다양한 분야를 경험해 봤는데, 꿈이라고 할 만한 걸 찾진 못했어요. 대학생이 될 때까지도 내가 뭘 하고 싶은지 어떤 직업을 갖고 싶은지 결론을 내리지 못했죠.

편 어린 시절, 특별히 기억에 남는 일이 있나요?

김 외식업을 하셨던 어머니 덕분에 어린 시절부터 다양한 음식을 접할 수 있었던 게 제겐 가장 특별했던 경험이죠. 주변의 식당뿐만 아니라 서울에 좋은 곳이 생겼다는 얘길 들으시면 일이 끝난 늦은 저녁이라도 세 아이를 데리고 새로운 가게로 향하셨어요. 앞서 잠깐 얘기했는데 삼 남매 중 제가 특히 디저트를 좋아해서 신라호텔의 디저트 페어에도 데리고 가셨죠. 무엇보다 경험이 중요하다고 하시면서 먹고 싶은 게 있으면 모두 골라 와서 맛을 보라고 하셨는데, 알록달록하게 쌓여있는 과자 앞에서 무얼 고를까 행복한 고민에 빠졌던 그때가 아직도 생생하네요. 홍대 근처에 아웃백 매장이 처음 생겼을 때 밤늦게 저희를 데리고 서울로 올라가 햄버거를 사주셨던 기억도 나요. 음식은 직접 먹어보는 게 최선이라고 생각하셔서 유명하다는 건 다 먹이셨는데, 그런 경험이 이 직업을 선택하는데 큰 영향을 미쳤다고 생각해요.

편 중, 고등학교 시절엔 어떤 학생이었나요?

김 모범생이었죠. 아버지가 정도와 규칙을 중시하셨다고 했잖아요. 그런 부모님의 영향을 받아 선생님이 말씀하시는 정도에서 절대로 벗어나지 않았고, 주어진 일이 있으면 반드시 해야 하는 학생이었어요. 부모님 말씀에도 반항 한번 하지 않았고요. 처음으로 제가 뭔가를 해보고 싶어서 선택한 일이 고등학교 때 가입한 천문부였어요. 별자리 신화에 관심이 많았고 직접 별을 보는 것도 굉장히 좋아했거든요. 고등학교 2학년 때였는데, 그땐 공부에 더 매진해야 하는 시기잖아요. 잘 아는데도 자꾸만 별에 흥미가 생기더라고요. 친구들과 망원경을 들고 별을 보러 다녔죠. 함께 별자리에 대해 공부하거나 돗자리를 깔고 누워 유성우를 관찰하기도 했고요. 학창시절 내내 공부만 했는데 그 시기가 유일하게 공부 말고 다른 데도 관심을 기울인 시기라 기억에 많이 남네요.

편 특별히 좋아했던 과목이나 싫어했던 과목이 있었나요?

김 저는 수학과 과학 과목을 좋아했어요. 특히 생물 과목을 정말 좋아했죠. 복잡한 걸 풀고 분석하는 걸 좋아해서 그런지 그런 과목이 재밌더라고요. 반면 무작정 외워야 하는 세계사나 역사 과목은 흥미가 생기지 않았어요. 철학자들과 관련된 내용은 잘 외워지지도 않았고요.

편 대학생활은 어땠나요?

김 대학생이 되어서도 중고등학생 때와 마찬가지로 열심히 공부했어요. 전공인 생물학 스터디에 들어가서 학부 공부에 치중했죠. 신간이 나오면 가장 먼저 읽기 위해 수업이 없는 시간엔 도서관에서 살았고요. 그러면서 틈틈이 친구들과 어울렸어요. 춤에 재능은 없지만 함께 재즈댄스와 살사를 배우고 동호회에도 들어갔죠. 그런 식으로 공부를 하면서 쌓였던 스트레스를 풀었던 거 같아요.

편 다시 대학 시절로 돌아간다면 꼭 해보고 싶은 것이 있나요?

김 너무 공부만 했던 기억뿐이라 다시 대학생이 된다면 좀 더 놀

Job
Propose 48

면서 다양한 경험을 해보는 것도 괜찮을 것 같아요. 그런데 막상 그때로 돌아간다 해도 주어진 학생 역할에 충실하며 공부만 할 것 같아요. 제 천성이 쉽게 바뀌진 않을 것 같거든요.

편 제과제빵사가 되겠다는 결심은 언제 하게 된 건가요?

김 어머니가 외식업계에 오랫동안 계셨잖아요. 어릴 때부터 요리의 세계에서 즐겁게 일하시는 어머니의 모습을 보면서 자연스럽게 음식에 대해 생각할 기회가 많았어요. 그러다 대학교 1학년 때 제과제빵사 자격을 취득했고, 그걸 시작으로 방학 기간마다 요리와 관련된 자격증을 하나하나 취득하기 시작했죠. 당시엔 순전히 취미와 교양을 위해서였는데 하다 보니 재미가 있더라고요. 나중에 대학을 졸업하고 의학전문대학원 입시를 준비하는데 공부가 너무 힘든 거예요. 몸도 마음도 지쳐만 갔죠. 그런 저를 지켜보신 어머니가 힘들면 잠시 쉬어가라며 초콜릿 수업을 권해주셨어요. 디저트를 만들며 즐거워했던 나를 떠올리며 조금 쉬어가기로 했는데요. 초콜릿을 만들면서 점점 활기를 되찾았어요. 내가 음식을 만들 때 이렇게나 행복하구나 하고 느끼게 되자 자연스럽게 제과제빵으로까지 이어지게 되었죠.

편 진로 선택을 하는데 영향이나 도움을 준 사람이 있나요?

김 아무래도 요식업 계통의 일을 하셨고 어려서부터 다양한 음식을 경험하게 해 준 어머니의 영향이 크죠. 이 진로를 선택하는 데 있어 도움도 많이 주셨고요.

편 진로 선택 시 가장 중요하게 생각한 것은 무엇이었나요?

김 내가 평생 할 수 있는 일인가, 이 일을 하면서 행복할 수 있는가 이 두 가지였어요. 경제적인 요소도 무시할 수 없는 부분이지만 그것보다는 제가 즐기면서 할 수 있는 일인지, 평생 계속할 수 있는 일인지가 가장 중요했죠.

편 이제 막 시작하는 후배들에게 추천해 주고 싶은 책이나 콘텐츠가 있나요?

김 제가 작년에 『기초부터 이해하는 제빵 기술』이라는 책을 감수했는데요, 감수를 하면서 보니 제빵의 기초 이론과 기본 기술뿐만 아니라 다양한 형태의 빵을 종류별로 나눠 알기 쉽게 설명해놨더라고요. 빵에 대한 총체적인 공부가 가능한 책이라 제빵을 시작하는 분들에게 추천하고 싶어요. 제가 자주 보는 저널 중 하나인 〈Pâtissier〉도 권하고 싶네요. 매달 아이템을 하나 정해서 다루는데 그 내용이 알차고 디테일해서 홈베이킹을 하는 분이나 이 일을 막 시작하는 분에게는 큰 도움이 될 거라 생각해요. 제과제빵의 다양한 영역을 두루 살펴볼 수 있고, 업계의 소식이나 이슈도 파악할 수 있고요. 유명 셰프들의 레시피도 소개하고 있는데, 그들의 레시피를 통해 자신만의 새로운 아이디어도 얻을 수도 있죠. 영화 중에선 〈초콜릿〉이란 작품을 추천해요. 프랑스의 한마을에 비안느란 여인이 딸과 함께 나타나 초콜릿 가게를 열면서 벌어지는 이야기를 다루고 있는데요. 영화 속에서 초콜릿을 만드는 영상이 너무나 아름다워서 저처럼 디저트를 좋아하는 친구라면 분명 재밌게 볼 거라 생각해요.

편. 제과제빵사가 되고 첫 출근한 날, 기억나세요? 어떤 생각이 들었는지 궁금해요.

김. 막연한 기대감도 있었지만 부담감과 떨림 때문에 긴장된 상태로 첫 출근을 했던 기억이 나요. 잘해야 한다는 생각이 강해서 점심으로 먹었던 게 소화가 잘 되질 않아 속이 더부룩했던 것도 떠오르고요. 그 이후에 제가 만든 제품을 손님에게 처음 내놓았을 때도 정말 떨렸어요. 손님이 맛없다고 하진 않을까 걱정이 되어서 다른 일이 손에 잡히지 않았죠. 그러다 한 분이 제가 만든 제품을 사 갔는데 얼마나 기뻤는지 몰라요. 3천 원짜리 빵이었는데 그 가격이 지금까지 잊히질 않네요.

편. 본인이 생각하는 자신의 장점과 단점은 무엇인가요?

김. 장점이라면 어떤 일을 하건 최선을 다해 열심히 하고 포기를 모른다는 거예요. 단점은 포기를 못하니 멈추는 법도 모른다는 거죠. 일을 무엇보다 우선시하다 보니 몸이 상하고 완전히 지칠 때까지 멈추지를 못해요. 나름대로 주변 사람들을 챙긴다고는 하는데 중요한 일이 생기면 인간관계는 후 순위로 밀려나게 되고요. 제 삶

Job
Propose 48

에서 일이 차지하는 비중이 워낙 높다 보니 다른 건 간과하는 면이 있죠.

편 꿈꾸던 것을 이루고 있다고 생각하세요?

김 그럼요. 원했던 대로 제과제빵사가 되었고 학생들에게 빵과 과자 만드는 법을 가르치고 있잖아요. 저 같은 경우 박사과정을 마침과 동시에 바로 전임교수가 되었어요. 강의 경력이 오래되었고, 매장도 운영하고 있었기 때문에 전임이 되지 않았어도 경력 면에서나 경제적인 면에서나 크게 문제는 없었지만 좋은 기회가 주어졌죠. 이게 그리 흔한 케이스는 아니라 남들은 그런 저를 보고 운이 좋다고 하는데요. 제가 노력한 걸 다 봤다면 그렇게 쉽게 얘기하진 못할 거예요. 하루에 2~3시간밖에 자지 않고 계속 공부하고 연구하고 일했어요. 남들이 즐기는 것에 눈길 주지 않았고 포기한 것도 많았죠. 치열하게 노력하며 실력을 갖추었기에 기회도 더 빨리 주어진 거라 생각해요.

편 학교에서는 어떤 과목을 가르치세요?

김 저희 학교엔 전임교수 세 분이 계시는데, 각자 양식과 한식, 제과제빵을 담당해요. 다른 학교의 경우 전임은 보통 연구교수로 있

는데, 저희는 모두 실습 교수로 있고요. 저는 여기서 제과제빵을 가르치고 있는데, 세 가지 전공 중에서 가장 인기가 높아 학생 수도 제일 많죠.

📭 지난 시간을 돌이켜 봤을 때 가장 잘했다고 생각하는 것이 있다면요?

📭 의학 공부를 빨리 포기한 것이 잘한 일 중 하나라고 생각해요. 쉽게 포기하지 않는 성격이라 어렵고 힘들지만 있는 힘을 다해 노력했는데 스트레스가 너무 심하더라고요. 몸에 맞지 않는 옷을 입

은 듯 내내 불편했고요. 계속한다고 해서 잘할 수 있을 것 같지도 않고, 공부를 마치고 의사가 된다고 해도 행복할 것 같지 않다는 확신이 들자 큰 결단을 내렸어요.

편 자녀가 있다면 권할 만한 직업인가요?

김 만약 결혼을 하고 자녀가 생겼는데 아이가 이 일을 하고 싶어 한다면 적극적으로 지원해 주고 싶어요. 물론 이 일은 고되고 힘들죠. 하지만 어디 쉽기만 한 일이 있나요? 때론 좌절하기도 했지만 그만큼 목적한 바를 이룰 때면 큰 보람을 느꼈고, 무엇보다 빵을 만들고 디저트를 장식하는 순간만은 늘 즐겁고 행복했거든요. 아이가 원한다면 그런 기쁨을 함께 나누고 싶어요.

📕 그밖에 관심을 가지고 활동하는 분야 혹은 최근에 새롭게 도전하는 분야가 있나요?

📘 제과제빵 분야의 경우 일본 책들을 보면 레시피가 매우 자세하게 잘 나와 있어요. 그런 책을 원서로 보기 위해 일본어 공부를 하고 있죠. 일본어뿐만 아니라 영어와 불어도 계속 공부하고 있고요. 제과제빵은 외국에서 시작된 분야라 그 나라의 언어를 아는 것도 중요한데, 언어는 꾸준히 하지 않으면 잊어버리잖아요. 체력도 단련해야 해서 운동을 한 가지 더 시작하고 싶은데 당장은 여유 시간이 없어서 가능할지 모르겠네요. 요즘 승마에 관심이 생겼는데 지금은 해야지 하고 생각만 하고 있죠.

📕 제과제빵사로서 앞으로 어떤 목표를 갖고 있나요?

📘 인재들을 키우면서 그 친구들이 저보다 더 뛰어난 제과제빵사가 될 수 있도록 잘 지도하는 게 제 목표예요. 저처럼 학교에서 학생들을 가르치고 싶다는 후배가 있으면 가이드라인을 제시해 줘서 좀 더 쉽고 빠르게 길을 찾을 수 있도록 도움을 주고 싶고요. 지금처럼

앞으로도 제자와 후배들에게 성실한 멘토 역할을 하고 싶어요.

편 마지막으로 제과제빵사를 꿈꾸는 청소년들에게 하고 싶은 말이 있나요?

김 무조건 최고가 되겠다는 목표를 세울 필요는 없어요. 아직 꿈을 찾지 못했다고 해서 조바심을 느낄 필요도 없고요. 그것보다 중요한 건 매사에 성실한 자세로 최선을 다하는 것과 계속해서 관심이 가는 일에 도전해 보는 것이죠. 노력한다고 누구나 최고가 될 수도 없고, 꿈은 계속해서 바뀌니까요. 그렇지만 최종적인 목표를 선택했다면 그때부턴 끝까지 포기하지 않고 온 힘을 다해봐야겠죠. 멘토링 하는 학생들에게 즐겨 하는 얘기가 있어요. 제가 좋아하는 〈포레스트 검프〉란 영화 이야긴데요. 극 중에 어머니는 아들에게 초콜릿 상자를 내보이며 이 중에서 하나를 골라보라며 말하죠. '인생은 초콜릿 상자와 같아. 상자를 열어보기 전에는 무엇이 들어있는지 알 수 없지. 상자를 열어도 초콜릿이 무슨 맛인지 알 수 없고. 네가 고른 초콜릿은 에스프레소가 들어간 쓴 것일 수도 있고, 딸기가 들어간 달콤한 것일 수도 있어. 그런데 얘야, 네가 맛없는 초콜릿을 골랐다고 실망하지는 말아라. 다른 선택지는 또 있으니까. 그게 인생이란다.' 저도 검프의 어머니와 같은 마음이에요. 여러분은 아직 충분히 젊잖아요. 기회는 계속 있어요. 당장 지금의 내 모습이 마음에 들지 않더라도 노력하면 바뀔 수 있고요. 우선은 내가 뭘 좋아하는지, 어떤 걸 할 때 행복해지는지 생각해 보세요. 그 일을 계속해 나가고 싶다는 목표가 생겼다면, 이젠 그 꿈으로 가는 계단을 하나하나 밟아 오르면 되고요. 호흡을 한번 가다듬고 천천히 시작하세요.

청소년들의 진로와 직업 탐색을 위한
잡프러포즈 시리즈 48

고소한 빵과 달콤한 디저트로
행복을 나눠주는
제과제빵사

2022년 3월 5일 | 초판1쇄
2024년 7월 1일 | 초판3쇄

지은이 | 김지민
펴낸이 | 유윤선
펴낸곳 | 토크쇼

편집인 | 박가영
교정 교열 | 박지영
표지디자인 | 이민정
본문디자인 | 김연희
마케팅 | 김민영

출판등록 2016년 7월 21일 제2019-000113호
주소 | 서울시 마포구 월드컵북로98, 2층 202호
전화 | 070-4200-0327
팩스 | 070-7966-9327
전자우편 | myys327@gmail.com
ISBN | 979-11-91299-53-3 (43190)
정가 | 15,000원